CALLWEYS CHRONOTHEK

Wie kaufe ich eine alte Armbanduhr

Ein Ratgeber für Sammler

Fritz von Osterhausen

CALLWEY

I Diverse Armbanduhren der vierziger bis siebziger Jahre

Umschlagabbildung
Armbanduhren der Handelsmarke »Andreas Huber – Urania« aus den 40er Jahren. Hergestellt wurden diese Uhren für Uhren Huber, München, von IWC Schaffhausen. »Urania« war die Zusatzbezeichnung für die besten Uhren, die unter der Handelsmarke »Huber« verkauft wurden.

Die Deutsche Bibliothek –
CIP-Einheitsaufnahme
Wie kaufe ich eine alte Armbanduhr:
der Ratgeber für Sammler /
Fritz von Osterhausen. –
München : Callwey, 1993
(Callweys Chronothek)
ISBN 3 - 7667 - 1060 - 5
NE: Osterhausen, Fritz von

© 1993 by Verlag Georg D. W. Callwey,
Streitfeldstraße 35, 8000 München 80,
Telefon 089 / 43 60 05 0
Alle Rechte vorbehalten, auch die des auszugsweisen Abdruckes, der photomechanischen Wiedergabe und der Übersetzung
Schutzumschlag   Baur + Belli Design, München
Satz   Filmsatz Schröter, München
Lithos   Graphic Productions Pazdera, München
Druck und Bindung   Druckerei Kösel, Kempten
Printed in Germany 1993
ISBN 3 - 7667 - 1060 - 5

CALLWEY

Ich wurde auf das Buch aufmerksam durch:

☐ Empfehlung meines Buchhändlers

☐ die Schaufensterauslage
einer Buchhandlung

☐ eine Besprechung in Presse – Funk –
Fernsehen

☐ Hinweis eines Bekannten

☐ einen Prospekt

☐ eine Anzeige in _____

☐ Ich bekam das Buch als Geschenk

Mein Urteil über das Buch: _____

_____

Vorschläge für Neuerscheinungen: _____

_____

VERLAG CALLWEY · Streitfeldstraße 35
8000 München 80 · Tel. (089) 436005-0
Fax (089) 43600513

Antwort

VERLAG
GEORG D. W. CALLWEY

Postfach 800409

D-8000 München 80

Kultur und Geschichte	Architektur	Garten-architektur und Land-schafts-planung	Steinmetz-handwerk	Do-it-yourself	Künstl. Werken	Uhren	Maler-handwerk	Restau-rierung	Grafik/Design

Über die neuen Bücher unseres Verlages unterrichten wir Sie gern laufend – kostenlos und unverbindlich – mit ausführlichen Prospekten und Informationen. Bitte kreuzen Sie die Verlagsgebiete an, die Sie besonders interessieren, und schicken Sie uns diese Karte in Druckbuchstaben ausgefüllt zurück. Bestellungen übergeben Sie bitte Ihrer Buchhandlung.   Ihr VERLAG GEORG D. W. CALLWEY

Von der angekreuzten Zeitschrift erbitte ich ein kostenloses Probeheft (Bitte nur 1 Heft ankreuzen):

KD-Klass.-Ziffer

Vorname

Name

Beruf

Straße

PLZ   Ort

□ Baumeister. *Zeitschrift für Architektur*

□ Garten + Landschaft. *Zeitschrift für Landschafts-architektur. Planung · Gestaltung · Entwicklung*

□ Topos. *European Landscape Magazine*

□ Stein – bauen, gestalten, erhalten

□ STEINtime. *Bauen mit Naturstein*

□ Deutsche Malerzeitschrift DIE MAPPE

□ Restauro. *Zeitschrift für Kunsttechniken, Restaurierung und Museumsfragen. Mitteilungen der IADA*

□ Uhren Journal für Sammler klass. Zeitmesser

□ ›metallbau‹. *Die Fachzeitschrift für den Erfolg Ihres Unternehmens*

□ Hephaistos. *Internat. Zeitschrift für Metallgestalter*

Diese Karte entnahm ich dem Buch:

Inhalt

Einleitung

Seit es mechanische Räderuhren gibt, war deren Sammeln nicht einfach ein allgemeines Hobby, sondern Passion von Fürsten und Königen. Fast alle englischen Könige, von Heinrich VIII. über seine Tochter Elisabeth I. bis zur heutigen Königin Elisabeth II., waren begeisterte Uhrensammler. Viele Herrscher beschäftigten Uhrmacher nur für ihre eigenen Bedürfnisse und die ihres Hofes. Zu den Sammelobjekten des Braunschweiger Herzogs August des Jüngeren, eines in den unruhigen Zeiten des Dreißigjährigen Krieges lebenden besessenen Kunstsammlers, gehörten natürlich auch Uhren. Uhrensammler waren die kunstsinnige russische Zarin Katharina II. und die Habsburger Kaiser Rudolf II. und Maximilian II., letztere mit einer Vorliebe für Himmelsgloben. Viele der fürstlichen und königlichen Uhrensammlungen waren der Grundstock für heutige Museen. Berühmt war auch die leider in alle Winde zerstreute Uhrensammlung des letzten, 1952 gestürzten ägyptischen Königs Faruk.

Was aber alle diese Herrscher – mit Ausnahme Faruks – von heutigen Uhrensammlern unterschied, war, daß sie wissenschaftliche mechanische Instrumente und Meßgeräte sammelten, welche die modernsten und fortschrittlichsten ihrer Zeit waren: Ihr Anliegen waren die innovativen technischen Lösungen, und ihre Absicht war die mäzenatische Förderung der Naturwissenschaften. Denn zum einen wurden die Uhrmacher und Mechanici durch die Aussicht, daß der Fürst ihr Erzeugnis ankaufen würde, zum Forschen, Entwickeln und Anfertigen ihrer Instrumente angeregt, zum anderen standen die fürstlichen Sammlungen und Kunstkammern den Wissenschaftlern zur Benutzung zur Verfügung; sie waren also praktisch Lehrmittelsammlungen.

Ganz anders sind die Motive der heutigen Uhrensammler: Sie konzentrieren sich auf historische Uhren, also auf Uhren, die auf einer technisch vergangenen, überholten Konzeption beruhen. Sie bewundern an ihnen bestenfalls die technischen Kenntnisse und mechanischen Fertigkeiten der Uhrmacher aus einer fernen, historischen Epoche.

Heute ist das Sammeln von Uhren längst nicht mehr nur ein Vergnügen der Herrschenden und Reichen, sondern in allen Bevölkerungsschichten anzutreffen. Begünstigt durch den Wohlstand in Mitteleuropa ist aus dem Hobby einzelner ein Massenhobby geworden. Ein größeres deutsches, auf Uhren und Schmuck spezialisiertes Auktionshaus beziffert allein die private Stammkundschaft seiner regelmäßigen schriftlichen und telefonischen Fernbieter auf mehrere Tausend. Sechs derartige Auktionshäuser gibt es heute in der Bundesrepublik Deutschland.

Gelegentlich kommt der heutige Armbanduhrensammler dem fürstlichen Sammlerideal früherer Jahrhunderte näher, als dies der klassische

Sammler alter Bodenstand- oder Taschenuhren tut. Denn auf diesem jungen, kaum zehn Jahre bestehenden Sammlermarkt geht es nicht nur um mechanische Armbanduhren aus früheren Jahrzehnten, sondern sehr wesentlich um neue, moderne und innovative Konstruktionen. Jede Baseler Mustermesse bringt technische Neuheiten auf den Markt. Es sei nur erinnert an die hochinteressanten astronomischen Armbanduhren von Ulysse Nardin oder an die inzwischen zahlreichen serienmäßigen Armbanduhrtourbillons. Früher gab es davon nur einige wenige handgefertigte Einzelexemplare für Versuche und Observatoriumsprüfungen.

Aber das Gros der Sammler mechanischer Armbanduhren, um die es in diesem Buch gehen soll, ist nicht erpicht auf Neukonstruktionen, sondern auf die älteren Exemplare, auf die Zeitmesser aus der Zeit vor deren Ablösung durch die quarzgesteuerte Armbanduhr. Es geht um die historische Armbanduhr; wenn auch das Wort »historisch« in diesem Zusammenhang wegen der mit rund zwanzig Jahren so kurzen seither vergangenen Zeit etwas gewöhnungsbedürftig ist.

Es ist schon fast ein Anachronismus, daß es bei den mechanischen Armbanduhren inzwischen zwei ganz verschiedene Märkte gibt: auf der einen Seite den Markt für die »historischen« Uhren aus der zu Beginn der siebziger Jahre abgeschlossenen Epoche der mechanischen Uhr, und auf der anderen Seite die nur zehn Jahre danach einsetzende Renaissance dieser mechanischen Armbanduhr mit einer Fülle von Innovationen für dieses eigentlich technisch überholte Konzept. Diese Renaissance bewegte sich bisher allerdings im Bereich der hochwertigen bis luxuriösen Einzelstücke, die magische Preisgrenze von einer Million DM für eine einzelne Armbanduhr ist längst überschritten. Der Markt der millionenfachen, billigen Massenuhr gehört nach wie vor unangefochten den Quarzschwingern, die mit ihren zahllosen verbrauchten Batterien allmählich zum Umweltproblem werden. Aber die Preisgrenze für qualitätvolle neue mechanische Armbanduhren sinkt, die 1000-DM-Grenze ist längst unterschritten, und mit der neuen Oris-Kollektion wird die 500-DM-Marke schon fast erreicht.

Wegen dieser Dualität ist der Armbanduhrenmarkt einzigartig unter den verschiedenen Kunstmärkten; auch mit der ausschweifendsten Phantasie wäre diese Entwicklung vor zehn Jahren noch nicht vorherzusehen gewesen. Und man darf gespannt sein, wie es weitergeht. »Basel im Goldgräberrausch« überschrieb Martin Huber treffend einen Bericht über die Baseler Uhrenmesse 1989, um die damalige Stimmung der Schweizer Uhrenhersteller zu kennzeichnen (AU 3/1989 Seite 61 f.). Er äußerte die Meinung, daß es sich hier nicht um einen kurzlebigen Modetrend, sondern um eine langlebige Erscheinung handeln dürfte. Die inzwischen vergangenen drei Jahre haben ihm bisher Recht gegeben.

Dies sind die Voraussetzungen, unter denen der Gedanke entstand, ein Buch speziell unter dem Aspekt des Sammelns von Armbanduhren zu machen. Ein Buch, in dem Informationen, Hinweise und Ratschläge für den Sammler im Vordergrund stehen, der eine Armbanduhrensammlung beginnen, erweitern oder umstellen möchte. Formen und Technik der Armbanduhr, in vielen anderen Uhrenbüchern inzwischen zur Genüge dargestellt, werden nur insoweit aufge-

2   Auf einem Uhren-
markt (Uhren-Technik-
Börse in München).

führt, als sie für den Erwerb von Sammleruhren notwendig sind. Etwa um Qualität
oder Fehler erkennen und beurteilen sowie Echtes von Falschem unterscheiden zu
können.

Ein Buch auch, das besonders dem beginnenden Sammler beim
Einstieg in sein neues Hobby, das einen enorm großen Wissensbereich umfaßt,
helfen und ihn vor Fehlkäufen bewahren will.

Ein Buch schließlich, das nicht nur – mit Bewertungstabellen und
Matrices überfrachtet – ein reiner Leitfaden, eine Checkliste werden sollte, die
man dann gezielt abfragt, wenn man eine Information benötigt (obwohl es natürlich
auch diese Funktion erfüllen soll und muß). Sondern ein Buch, das auch zum Lesen
einladen soll.

3   Damenemailarmband mit Emailbild, unter dem sich eine kleine Zylindertaschenuhr befindet, ca. 1870.

4   Soldaten-Armbanduhr vom Typ »Queen Anne« der West End Watch Co., ca. 1918.

5   Kleine Taschenuhr der West End Watch Co. aus der Zeit des Ersten Weltkrieges, die auch an einem Armband mit Lederkapsel als Armbanduhr getragen werden konnte.

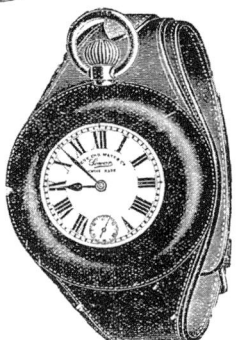

6   Herrenarmbanduhr von Patek Philippe, Genf, mit ewigem Kalender, retrograder Datumsanzeige und Mondphase, ca. 1937.

Was ist eine Armbanduhr?

Diese Frage ist scheinbar banal, trägt doch jedermann heute eine solche Uhr am Handgelenk; man mag sie daher bei einem so alltäglichen Gebrauchsgegenstand ganz überflüssig finden – eine bloße akademische Frage, die zu Beginn fast jeden Uhrenbuches, das etwas auf sich hält, pflichtschuldigst gestellt und beantwortet werden muß.

Es geht hier auch weniger um diese banale Definition (nämlich: eine an einem Armband befestigte und am Handgelenk zu tragende Kleinuhr), sondern um die Abgrenzung dieses Uhrentyps. Es gab nämlich schon um und vor 1800 einzelne am Arm getragene Uhren. Diese unterschieden sich aber von der klassischen Armbanduhr dadurch, daß die durch die Zwölf und Sechs verlaufende Zifferblattachse rechtwinklig zur Längsachse des Armbandes angeordnet war, wodurch diese Uhren schwierig und nur mit einer starken Armverdrehung abzulesen waren.

Schon um 1850 wurde die von der Savonnette (Sprungdeckel-) taschenuhr bekannte Anordnung von Uhrwerk und Zifferblatt sowie der zu dieser Zeit erfundenen Aufzugskrone auf die vorerst einzeln hergestellten Armbanduhren in der Weise übertragen, wie wir es alle kennen: die Zifferblattachse durch Zwölf und Sechs in der Längsachse des Armbandes und die Aufzugskrone seitlich und leicht bedienbar über der Drei.

Erst mit dem Vorhandensein dieser leicht ablesbaren Zifferblattanordnung soll von einer echten Armbanduhr gesprochen werden, im Gegensatz zu den erwähnten frühen Vorläufern, die man am besten als Schmuckuhren bezeichnet, was sie formal auch meist waren (Abb. 3). In dieser Vorläuferphase entstanden auch Armbanduhren, deren Gehäuse mit kleinen Taschenuhrwerken versehen wurden. Eine andere Variante bestand in Kapseln an einem Armband, in welche eine komplette kleine Taschenuhr eingelegt wurde. Diese war also wahlweise als Taschen- oder als Armbanduhr zu verwenden (Abb. 5).

Erstmals um 1880 entstanden Armbanduhren in größerer Stückzahl, als die Schweizer Firma Girard Perregaux von der deutschen Kriegsmarine den Auftrag zur Lieferung einer größeren Zahl von militärischen Dienstuhren erhielt, die am Handgelenk zu tragen waren. Wohl nicht zufällig war es das Militär, das – neben der Damenwelt, die kleidungsbedingt nie viel mit der Taschenuhr hatte anfangen können – die Armbanduhr als für seine Zwecke sehr geeignet erkannte und ihre Entwicklung stark förderte.

Erstmals im Burenkrieg um 1900 wurden Armbanduhren in größerem Umfang eingesetzt, und der Erste Weltkrieg brachte den endgültigen Durchbruch (Abb. 4, 7). Movado und Girard Perregaux sollen die ersten Schweizer Firmen gewesen sein, die die ersten, zum Schutze des Glases und Zifferblattes mit einem savonnet-

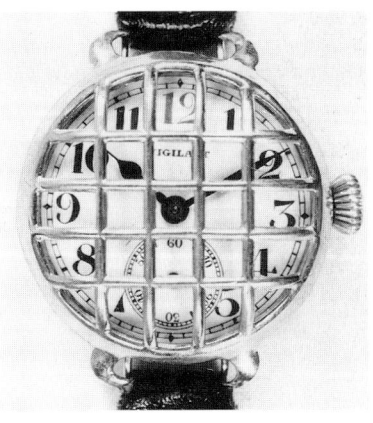

7   Soldaten-Armband-
uhr des Ersten Weltkrie-
ges von Vigilant mit
Schutzgitter.

8   Frühe Schweizer
Herrenarmbanduhr von
Tavannes, um 1915.

9   Halbsavonnette mit
Sprungdeckel, im Werk
signiert Vacheron & Con-
stantin, Genf, Emailziffer-
blatt, Brückenwerk mit
Ankerhemmung,
ca. 1905.

10 Silberne Herren-
armbanduhr, signiert
Dent, London, Emailblatt,
englisches Ankerwerk,
ca. 1914.

teartigen, mehr oder weniger phantasievoll durchbrochenen Schutzgitter versehenen Soldaten-Armbanduhren in größeren Stückzahlen herstellten. Vermutlich
wegen dieser hohen Stückzahlen werden diese Uhren heute noch zu moderaten
Preisen auf dem Altuhrenmarkt angeboten. Andere Hersteller wie Eterna,
Omega, IWC, Longines und Ulysse Nardin, in den USA Waltham und Ingersoll,
zogen schnell nach. Auch die Kennzeichnung von Ziffern und Zeigern mit dem
heute wegen seiner radioaktiven Strahlung verpönten Radium als Leuchtmasse,
um die Uhrzeit auch bei Dunkelheit im Schützengraben ablesen zu können, war
eine Entwicklung des Ersten Weltkrieges. In den zwanziger Jahren erlebte die
Armbanduhr den entscheidenden Durchbruch zum Zeitmesser für jedermann:
1925 betrug die Relation zwischen verkauften Armband- und Taschenuhren
35:65, 1930 waren es schon 50:50 und 1934, umgekehrt wie 1925, bereits 65:35.

Bald nach ihrer generellen Einführung wurde die Armbanduhr außer
der normalen Zeitangabe auch mit zusätzlichen Funktionen versehen; also mit
Komplikationen, wie sie seit langem bei der Taschenuhr bekannt waren. Die
grundsätzlichen Erfindungen für diese Komplikationen mußten also nicht mehr
gemacht werden, wenn auch mancher dieser Mechanismen wegen der notwendi-
gen Miniaturisierung in der viel kleineren Armbanduhr ganz erheblich zu verändern war.

Ein Beispiel ist der **automatische Aufzug**, die erfolgreichste und
meistgebaute Komplikation der mechanischen Armbanduhr. Er erlebte, ausge-
hend von der für die Taschenuhr erfundenen und für diese auch praktischsten
Lösung mit einer Pendelschwungmasse, eine um 1923 von dem Engländer John
Harwood in Gang gesetzte Entwicklung in ganz anderer Richtung: zunächst mit
einem begrenzt, dann unbegrenzt sich drehenden Zentralrotor, der, mit einem
Wechselgetriebe versehen, die Feder in beiden Drehrichtungen aufziehen konnte,
und schließlich dem Planetenrotor, außermittig im Werk integriert und kaum
größer als die Unruh.

11   Goldene Schweizer Herrenarmbanduhr von Henry Moser, um 1920, mit kleiner Sekunde bei der »9«, was auf die Verwendung eines kleinen Taschenuhrwerkes hindeutet.

12   Goldene Armbanduhr der fünfziger Jahre, signiert Audemars Piguet, Genf.

Eine Zeitlang wurden viele der Armbanduhren mit automatischem Aufzug mit einer Gangreserveanzeige ausgestattet, so wie sie seit langem bei den Marinechronometern üblich war, um den Kunden eine Kontrolle über ihren automatischen Aufzug zu geben und ihnen die Unsicherheit zu nehmen, er könnte einmal nicht funktionieren. Dies war in den vierziger und fünfziger Jahren.

Eine andere beliebte und häufig gebaute Komplikation war der **Chronograph**. Ein Mechanismus, mit dem durch Druck auf einen oder zwei außen aus dem Gehäuse ragende Drücker ein besonderer Zeiger zum Messen der Zeitdauer eines bestimmten Ereignisses in Gang gesetzt werden, angehalten und wieder auf Null zurückgestellt werden kann, ohne den Ablauf des Gehwerkes zu behindern. Es gibt auch Chronographen mit einem zweiten, einem Schleppzeiger (rattrapante), bei denen beide Zeiger zusammen anlaufen und der zweite nach Anhalten des ersten weiterlaufen und unabhängig gestoppt werden kann, um zwei gleichzeitig stattfindende Ereignisse (etwa zwei Läufer) unabhängig voneinander messen zu können. Chronographen haben häufig kleine Hilfszifferblätter, mit denen über einen Umlauf des Chrongraphenzeigers hinaus die gemessenen Minuten oder gar Stunden registriert werden können. Anders als beim automatischen Aufzug unterscheiden sich die Konstruktionen des Armbanduhrchronographen kaum von denen der Taschenuhr.

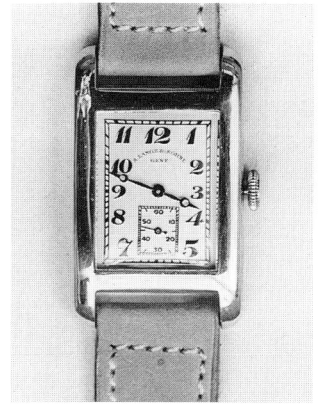

13   Armbanduhr von Patek Philippe, Genf, im Carré-Cambré-
Gehäuse, um 1920.

14   Goldene mechanische
Herrenuhr, signiert A. Lange &
Söhne, Genf.

Armbanduhrchronographen und **-wecker**, eine weitere der von
der Taschenuhr übernommenen Komplikationen, wurden schon recht früh, im
Ersten Weltkrieg, entwickelt. Es folgten in der Entwicklung weitergehende Komplikationen wie:

Das **Kalenderwerk**, dessen einfachste Form das Datum und dessen
Krönung der ewige Kalender war, also ein Kalender mit Datum, Wochentag,
Monat, Mondphase und nicht selten einer Schaltjahresindikation, also einer zusätzlichen Angabe des derzeitigen Jahres innerhalb des 4-Jahres-Zyklus. Er heißt ewig,
weil er die verschiedenen Monatslängen und in Schaltjahren den zusätzlichen
29. Februar berücksichtigt. Wegen der Kompliziertheit der Kadratur eines ewigen
Kalenderwerkes, zumal in den geringen Dimensionen einer Armbanduhr, wurde
dieses erst um 1940 serienreif, und zwar zunächst bei Patek Philippe.

Das **Achttagewerk**. Da die Zugkraft der Feder acht Tage lang
reichen mußte, war diese nicht selten so lang und das Federhaus so groß, daß es die
gesamte Werksfläche bedeckte. Das Achttagewerk konnte sich aber nicht durchsetzen, und es wurde nach der Ausbreitung des automatischen Aufzuges gänzlich
bedeutungslos.

Die **springende Sekunde**, bei der ein zentraler, von einer eigenen
Feder angetriebener Sekundenzeiger Sekundensprünge vollzieht. Mit der unab-

hängigen, später auch anhaltbaren Zentralsekunde begann im Zeitalter der Taschenuhr um 1800 die Entwicklung des Chronographen.

Die Armbanduhr mit **Weltzeitindikation**, bei der – mit unterschiedlichen Konstruktionen und Anzeigesystemen – außer der Lokalzeit noch verschiedene andere Ortszeiten abgelesen werden konnten.

Das **Repetitionsschlagwerk** wurde ebenfalls auf die Armbanduhr übertragen, konnte sich hier aber nicht durchsetzen, weil es angesichts der erforderlichen Miniaturisierung – trotz eines preiswerten Modells mit dem Driva-Repeater von 1937 – zu kostspielig und außerdem seit der Verwendung von Leuchtziffern und -zeigern und seit der Ausbreitung des elektrischen Lichts technisch überholt war.

Die Addition **mehrerer Komplikationen** führte wie bei den Taschenuhren mitunter zu äußerst komplizierten Armbanduhren: So etwa die automatische Serien-Armbanduhr mit Chronograph mit Minuten- und Stundenzähler und einfachem Datumswerk, 1969 gleichzeitig von den beiden Firmengruppen Zenith/Movado und Breitling/Heuer/Hamilton entwickelt. Oder die Modelle mit Minutenrepetition und ewigem Kalender von Patek Philippe. Dann die berühmte Patek Philippe mit Minutenrepetition, ewigem Kalender und Chronograph mit Minutenzähler. Und nach der »historischen« Epoche, im Jahre 1990, die wasserdichte »Grande Complication« von IWC mit Chronograph mit Zählern, Minutenrepetition, ewigem Kalender und automatischem Aufzug. Schließlich als bisheriger Höhepunkt das Modell »1735« von Blancpain, das zusätzlich zu den Komplikationen der IWC noch ein Tourbillon hat. Den Komplikationsgrad hochkomplizierter Taschenuhren konnten die Armbanduhren größenbedingt bisher nicht erreichen. Aber vielleicht ist auch das nur eine Frage der Zeit.

Nicht ganz in diese Reihe von Komplikationen, die überwiegend aus auf die Gehwerke aufgesetzten, besonderen Zusatzmechanismen bestehen, paßt das **Armbanduhrtourbillon**, weil hier das Besondere, nämlich die in einem eigenen Gestell montierte und sich um sich selbst drehende Unruh und Hemmung, ein integrierter Werksbestandteil ist. Außer der französischen Firma LIP, die als einsamer Vorläufer schon um 1930 ein Armbanduhrtourbillon entwickelt hatte, wurde diese Konstruktion in der Schweiz erst in den fünfziger Jahren in ganz wenigen, höchstens zwei Dutzend Exemplaren von Omega und Patek Philippe hergestellt, die überwiegend für Observatoriumswettbewerbe verwendet wurden (Abb. 20).

Andere technische Neuerungen wurden dann speziell für die Armbanduhr, für die Bedürfnisse ihrer Träger, entwickelt. Etwa das wasser- und staubdichte Gehäuse mit ebenfalls dichter Krone, erstmals von Hans Wilsdorf 1926 mit der bekannten »Rolex Oyster« lanciert. Oder die Entwicklung einer wirkungsvollen Stoßsicherung für die empfindlichen Zapfen der Unruhwelle, bei der Armbanduhr viel notwendiger als vorher bei der Taschenuhr.

Auch die Beschäftigung mit der Beseitigung des Einflusses der Magnetfelder auf den Gangregler und damit auf die Gangleistungen, der häufig unterschätzt wurde, gehört an diese Stelle. Diesen Einfluß suchte man seit den vierziger Jahren entweder durch den Ersatz stählerner Bauteile durch solche aus weniger magnetisierbaren Metallen und Legierungen oder durch besondere Schutzgehäuse zu beseitigen.

Ein anderer Bereich war, beginnend in den fünfziger Jahren und zunächst nur in Versuchen, später dann auch in Serienfertigung, die schrittweise Erhöhung der Schwingungszahl (Frequenz) der Unruh von den bisher üblichen 18 000 Halbschwingungen pro Stunde (A/h) auf 21 600 A/h, dann 28 800 A/h und schließlich bis hinauf zu 36 000 A/h, da man beobachtet hatte, daß schnellere Schwingungen der Unruh dazu beitrugen, das Gangverhalten und die Gangleistungen erheblich zu verbessern. Denn der Einfluß äußerer Störungen wie Stöße auf den Isochronismus des Schwingsystems wird bei zunehmender Schwingungszahl immer geringer.

Der Kampf mit den bei Armbanduhren besonders großen Lagen-fehlern zwischen horizontalen und vertikalen Lagen und die Reglage – die Tätigkeit von spezialisierten Uhrmachern, um diese und andere Gangfehlerquellen zu beseitigen –, durchzieht ohnehin die Geschichte der Armbanduhr seit ihren Anfängen, denn man war nach der Beseitigung der Kinderkrankheiten dieses Uhrentyps natürlich bestrebt, ihn so ganggenau wie möglich zu machen. Wieder war es Hans Wilsdorf, der im Jahre 1914 mit einer Rolex-Armbanduhr am National Physical Laboratory in Teddington ein Kew Class A Certificate erreichte, das einem Observatoriums-Gangschein glich, um damit zu beweisen, daß Armbanduhren so genau wie Präzisionstaschenuhren gehen können. Die Entwicklung einer Chronometernorm für Armbanduhren, in der Schweiz 1925 eingeführt und dort bis heute von mehreren offiziellen Prüfbüros kontrolliert, war eine ganz logische Folge.

Ein **Armbandchronometer**, nicht zu verwechseln mit dem ähnlich klingenden Begriff »Chronograph«, ist nach der offiziellen Definition »eine Präzisionsuhr, die in verschiedenen Lagen und unter unterschiedlichen Temperaturen reguliert ist, und einen offiziellen Gangschein erlangen könnte«.

Das »erlangen könnte« wurde später ersetzt durch »erlangt hat«. Einer Armbanduhr, die die Prüfung bestanden und diesen Gangschein erhalten hat, konnte die Bezeichnung »Chronometer« aufgeprägt werden, meistens auf das Zifferblatt, womit für den Kunden deutlich war, daß es sich hier um eine geprüfte und besonders genau gehende Uhr handelte (Abb. 16, 49).

In den fünfziger Jahren begann eine Entwicklung weg von der mechanischen Armbanduhr. In der Hoffnung auf bessere Gangleistungen und größere Bequemlichkeit wurde die zunächst von Hand oder durch einen Rotor automatisch aufgezogene Zugfeder durch eine elektrische Stromquelle in Form einer Batterie ersetzt.

Diese **elektro-mechanische Armbanduhr** hatte noch die Ankerhemmung und als Gangregler eine Unruh oder vielmehr ein unruhähnliches, rundes Gebilde. 1957 kam das erste Modell auf den Markt: die »Electric Pacer«

von Hamilton. Viele andere Firmen folgten mit ähnlichen Modellen. Ein sehr schönes war die 1967 auf den Markt gebrachte Junghans-Dato-Chron mit einer von Junghans entwickelten kontaktlosen Transistorsteuerung. Dieses System hatte den Vorteil einer, nur von der Lebensdauer der Batterie begrenzten, absolut konstanten Antriebskraft, aber die hohen Lagenfehler blieben.

Nur wenig später, nämlich 1961, war die nächste Entwicklungsstufe markt- und serienreif: die **Stimmgabeluhr**, bei der die klassische Unruh durch ein elektrisch erregtes, stimmgabelähnliches Gebilde ersetzt wurde. Mit 360 Schwingungen pro Sekunde schwang es viel schneller als die schnellste mechanische Unruh (10 Sekundenschwingungen). Das bekannteste Modell ist die 1961 eingeführte Bulova »Accutron«, deren Modell »Spaceview« mit vorn sichtbarer Stimmgabel bereits sehr beliebt und begehrt auf dem Altuhrenmarkt ist (Abb. 15).

Kaum hatten die Stimmgabeluhren ihre vielfältigen Kinderkrankheiten abgelegt – Schwachpunkte waren die Instabilität der Stimmgabelamplitude, das Schaltsystem sowie immer noch hohe Lagenfehler – da kamen ab 1967/68 Uhren der nächsten und bisher letzten Entwicklungsstufe auf den Markt: die **Quarzuhren**, mit einem in bestimmtem Winkel geschnittenen Quarzkristall als Schwingsystem, dessen Frequenz fast hundertmal höher war als die der Stimmgabel.

Die elektronische Quarzuhr, besonders in Fernost in riesigen Stückzahlen produziert und zu konkurrenzlos niedrigen Preisen auf den Markt gebracht, hatte rasch den gesamten Weltmarkt erobert und die mechanische Armbanduhr sowie die elektrischen Zwischenstufen verdrängt, bis es in letzter Zeit zu der eingangs beschriebenen, in den Stückzahlen allerdings begrenzten Renaissance der mechanischen Armbanduhr kam.

Womit sich der Kreis dieser kurzen historischen und typologischen Übersicht schließt.

15 Herrenarmbanduhr Bulova »Accutron«, Modell »Spaceview« mit Stimmgabelwerk, um 1968.

Was will ich sammeln?

Nicht selten beginnt ein Uhrensammler sein neues Hobby damit, ohne ein bestimmtes Konzept alle möglichen Uhren zu kaufen, die ihm gefallen oder interessant erscheinen, oder von denen ein Freund oder Bekannter gesagt hat, man müsse sie haben. Manchmal entsteht auch auf Uhrenmärkten oder in den Zirkeln der Kofferhändler am Rande von Auktionen durch gehäuftes Anbieten bestimmter Marken oder Modelle in Verbindung mit vertraulichen Versicherungen, dieses Modell oder jene Marke beginne gerade, im Preis zu steigen, eine Art von Zugzwang, und plötzlich hat man so eine Uhr gekauft, ohne darüber nachgedacht zu haben, ob man sie wirklich haben will.

Durch solche Spontankäufe kann ein recht umfangreicher Fundus an Uhren zusammenkommen, bevor man sich für ein bestimmtes Gebiet besonders zu interessieren und es zu sammeln beginnt – und dann liegen zu Hause etwa 20 Uhren herum, die in dieses Gebiet überhaupt nicht hineinpassen und mit denen man nichts mehr anfangen kann, die einfach überflüssig sind. Und wenn man diese nun wieder verkaufen will, merkt man plötzlich, wie einfach es ist zu kaufen, und wie schwierig dagegen, zu verkaufen!

Das folgende Kapitel beschäftigt sich daher mit Sammelgebieten, um vor allem dem angehenden Sammler verschiedene Möglichkeiten der Spezialisierung, der Schwerpunktbildung aufzuzeigen, damit er vor solchen Fehlkäufen bewahrt wird.

Diese Sammelgebiete können natürlich nur Vorschläge, Beispiele sein. Denn jeder muß für sich selbst entscheiden, in welcher Richtung er seine Sammelleidenschaft entwickeln will. Es soll auch bewußt eine straff-systematische Anleitung zum »richtigen« Sammeln vermieden werden, denn es gibt ebensowenig ein richtiges Sammeln, wie es ein falsches Sammeln gibt. Es gibt nur ein Sammeln, das als sinnvolle Betätigung dem Sammler geistigen und natürlich auch materiellen Gewinn bringt und ihm Freude macht.

Die Sammelgebiete werden der Übersichtlichkeit halber in folgende fünf Gebiete gegliedert:

- Marken
- Werkskaliber
- Funktionen, Typen
- Technik
- Elektrische Armbanduhren

Marken

Gerade Schweizer Uhrenfirmen haben in der Zeit ihres Bestehens eine große Zahl verschiedener Werkskaliber und Modelle hergestellt. Zum Beispiel entstanden bei **Omega** in Biel im Laufe der Jahrzehnte über 250 Werkskaliber, von denen manche allerdings nur Modifikationen eines Grundkalibers waren. Mit diesen Werken wurden wiederum unterschiedliche Gehäuse-/Zifferblattmodelle (Referenzen) bestückt, so daß sich etwa ein Omega-Sammler einer riesigen Anzahl sammelbarer Armbanduhrmodelle gegenübersieht. Bei einem derart großen Firmenœuvre hat schon derjenige Sammler viel zu tun, der sich nur auf eine Modellgruppe beschränkt, etwa – um noch bei Omega zu bleiben – auf die Constellation- oder die Seamastermodelle oder auf die frühen Armbanduhren vor dem Beginn der großen Serien. Allein die Liste der Armbandchronometerkaliber von Omega umfaßt 45 Stück, die in sehr verschiedenen Referenzen in den Handel kamen (Abb. 16), so daß ein Omega-Armbandchronometersammler rund 150 bis 200 Exemplare zusammentragen müßte, um dieses Gebiet komplett zu haben.

16 Omega Seamaster-Chronometer um 1954 und deren Werk Kaliber 354.

Ähnlich umfangreich dürfte die Liste der Modelle und Kaliber von **Rolex** sein. Eine Firma, die seit 1908 bis heute, ohne Unterbrechung auch während der Hochblüte der Quarzuhr, mechanische Armbanduhren in großer Stückzahl weiterproduziert hat. Besonders erwähnt werden müssen hier die berühmten Oyster Perpetuals oder die Datejust- und Day Date-Chronometer-Modelle, die Rolex seit Jahrzehnten beständig produziert; die seit langem und bis heute in hohen Stückzahlen (mehrere 100000 jährlich) produziert werden und die deshalb mit dafür verantwortlich sind, daß Rolex mit allein mehr als einem Viertel des jährlichen Umsatzes der Schweizer Uhrenindustrie zu den größten Schweizer Uhrenherstellern gehört (Abb. 17).

17   Armbanduhr von Rolex, Typ Oyster Perpetual,
Ref. 6593, um 1951 und deren Werk Kaliber 1030.

Was diese Marke aus historischer Sicht so reizvoll macht, ist, daß sie in vielen Bereichen ein Schrittmacher war: Das offiziell geprüfte Armbandchronometer, die Aufzugsautomatik mit Rotor und das vollkommen wasserdicht verschraubte Gehäuse waren ohne die Initiativen von Hans Wilsdorf, dem Gründer der Firma Rolex, nicht denkbar. Der Rolex-Sammler hat also die Chance, in diesen technischen Bereichen auf die ersten, frühesten Exemplare zu stoßen.

Allerdings muß sich derjenige, der sich für die Marke Rolex als Sammelgebiet entscheidet, darüber klar sein, daß der größte Teil besonders der älteren, vom Nimbus dieser Innovationen lebenden Modelle heute sehr hohe Preise hat. Preise, die sich (anders als zum Beispiel bei Patek Philippe) keineswegs durch besonders hohe Werksqualität oder besonders schöne Vollendung rechtfertigen lassen. Die meisten der Rolex-Werke waren und sind recht einfach und durchschnittlich im Finish, dafür robust, zuverlässig und ziemlich ganggenau. Aber es fehlt ihnen diese technische Finesse, Eleganz und Ausstrahlung, diese sichtbare und genießbare Qualität, die etwa die Werke von Patek Philippe, Vacheron & Constantin oder IWC ausstrahlen. Zum Beispiel ist das so beliebte Vierziger-Jahre-Modell Bubble-Back, mit Rotorautomatik und sehr einfachem Werk, im Stahlgehäuse und in mittelmäßigem Erhaltungszustand derzeit nur zu einem Preis zu haben (um 3000 DM), für den man mit etwas Glück etwa eines der Zenith-Chronometer mit dem herrlichen Werk des Kalibers 135 im schweren 18-karätigen Goldgehäuse und in neuwertigem Zustand bekommen kann.

Diese älteren Rolex-Modelle – Prince, Bubble Back, Viceroy, Rigid Hooded oder Bombay – oder die jüngeren wie GMT-Master, Submariner oder das Chronographenmodell Cosmograph – sind zwar alle hübsch anzusehen und so markant, daß sie am Arm leicht identifizierbar sind – und daher allerdings auch häufig imitiert werden. Ob das allein, zusammen mit der Faszination des berühmten Namens, solche hohen Preise rechtfertigt, das muß jeder Sammler für sich selbst entscheiden. Besonders derjenige Sammler, der Wert legt auf technische Eleganz und der eine hochwertige Werksvollendung genießen will und kann, sollte reiflich überlegen, ob Rolex die richtige Marke für ihn ist. Eine Sammlung von Kult-Uhren kann schnell langweilig werden, wenn es inzwischen einen neuen Kult gibt! Andererseits hat auch Rolex in früheren Jahrzehnten häufig fremde Rohwerke verwendet; da gibt es für den Sammler noch einiges zu entdecken.

Etwas bescheidener ist dagegen die Zahl der 70 mechanischen Armbanduhrkaliber der **International Watch Company** (IWC) in Schaffhausen. Aber wegen der Seltenheit mancher dieser Modelle hat ein IWC-Sammler lange zu tun, um seine Marke vollständig zu bekommen. Er braucht also viel Geduld und Hartnäckigkeit.

Armbanduhren der IWC wirken sehr zurückhaltend und unaufdringlich. Sie sind leicht zu übersehen, aber bei genauer Betrachtung von einer sehr hohen technischen Qualität und Zuverlässigkeit. Echte Understatement-Uhren, so recht das Gegenteil mancher Rolexmodelle. IWC-Armbanduhren haben den Vorzug, daß sie – bis auf die beiden in letzter Zeit sehr teuer gewordenen Modelle »Mark XI«, eine schlichte Stahlarmbanduhr für Piloten mit hochfeinem Werk und die »Ingenieur« mit besonderem, antimagnetischem Gehäuse – noch relativ preiswert sind (Abb. 18).

18 Herrenarmbanduhr in Stahl von IWC, Modell »Ingenieur« mit Weicheisenmagnetschutz, um 1976.

Der Sammler von **Patek-Philippe**-Armbanduhren dürfte angesichts der nur rund 20 Armbanduhrkaliber dieser Firma (ohne die als Rohwerke hinzugekauften Fremdkaliber), die allerdings für manchmal bis zu 15 verschiedene Modelle pro Kaliber verwendet wurden, weniger Schwierigkeiten haben, die Modelle zusammenzutragen, als vielmehr – angesichts der Preise von Patek-Philippe-Uhren – sie zu finanzieren. Wem das aber nicht schwerfällt, der hat die

19 Herrenarmbanduhr von Patek Philippe, Genf, mit ewigem Kalender und Chronograph mit 30-Minuten-Zähler.

20 Goldenes, rechteckiges Armbandchronometer von Patek Philippe, Genf, mit 50-Sekunden-Tourbillon, Formwerk, Kaliber 34 T, 1960.

Möglichkeit, ein Spektrum von Armbanduhren zusammenzubringen, das in bezug auf technische Qualität, innovative Vielfalt und Ausstrahlungskraft der einzelnen Stücke ganz unvergleichlich ist. Da Patek Philippe mit dem voluminösen, zweibändigen Werk von Huber/Banbery die bisher am besten dokumentierte Schweizer Uhrenmanufaktur ist, weiß ein Patek-Sammler auch ganz genau, was da auf ihn zukommt. Er muß wissen, wie schwierig es sein dürfte, manche der in nur wenigen Exemplaren hergestellten exklusiven Stücke zu bekommen. Ein Beispiel ist der Chronograph mit ewigem Kalender Ref. 1518, von dem nur 281 Exemplare hergestellt wurden, und von dem ein Exemplar am 16. Dezember 1990 bei Habsburg Feldmann (Antiquorum) in Tokio für 180000 DM versteigert wurde. Ein weiteres Beispiel ist das berühmte, rechteckige Tourbillon Kaliber 34 T von 1960, von dem vier Exemplare im Patek-Philippe-Museum in Genf liegen und damit unverkäuflich sind, während das fünfte und als letztes hergestellte auf der Patek-Philippe-Auktion am 9. April 1989 von Antiquorum in Genf unter den Hammer kam und für 650000 SFr zugeschlagen wurde – nach der Einschätzung von Fachleuten erstaunlich preiswert (Abb. 20). Wer weiß, wann diese Uhr wieder einmal auf den Markt kommt! Und als bisherige Krönung dieses Preisgipfels muß eine einfache Armbanduhr Kaliber 30 mm mit Handaufzug von 1954 genannt werden, die allein deswegen einen Zuschlag von 550000 SFr erzielte (natürlich wieder bei Antiquorum), weil sie ein »Chronomètre d'Observatoire« ist, also eine Ganggenauigkeitsprüfung am Observatorium Genf bestanden hat. Sie ist nicht einmal so selten wie das vorerwähnte Tourbillon, denn Patek Philippe hat insgesamt 480 Observatoriums-Armbandchronometer feingestellt.

Wegen dieser exorbitanten Preise und der möglichen Preissteigerungen eignete sich die Marke Patek Philippe bisher auch für Kapitalanleger. Aber etwas Vorsicht ist inzwischen geboten, denn steigende Preise erreichen irgendwann einmal ihren Zenit, und danach können sie nur noch stagnieren oder fallen. Patek Philippe scheint diesem Zenit von allen Schweizer Nobelmarken am nächsten zu sein.

Die zur Datierung der einzelnen Uhren sehr hilfreichen Werknummernlisten der vier bisher erwähnten Firmen sind auf den Seiten 130ff. wiedergegeben.

Ähnlich exklusiv und luxuriös sind die Armbanduhren von **Cartier**. Sie besitzen eine Eleganz und Kostbarkeit in Design und Material der Gehäuse und Zifferblätter, die Uhren dieser Marke für den mehr ästhetisch als technisch orientierten Sammler zur Marke seiner Wahl machen dürften. Es versteht sich allerdings, daß diese Kostbarkeit ihren Preis hat. Die bis heute gebauten Modelle »Santos« von 1907 und »Tank« von 1917 (Abb. 21–23) sind dagegen schlichtfunktional und ästhetisch perfekt; berühmte und unverwechselbare Markenzeichen von Cartier – und daher auch oft gefälscht und imitiert.

21 Frühe Armbanduhr des Modells »Tank« von Cartier, um 1920.

22 Damenarmbanduhr von Cartier, Modell »Santos«, ETA-Werk, Kaliber 2512, um 1976.

23 Moderne Version des Armbanduhrmodells »Tank« von Cartier, mit automatischem ETA-Werk, Kaliber 2070, um 1974.

Oft wird Cartier jedoch von Uhrensammlern nicht ganz ernst genommen, denn er war und ist überwiegend Juwelier und erst in zweiter Linie Uhrenhändler. Cartier fertigte seine Uhren nur selten selbst, sondern ließ sie von anderen fertigen, allerdings nur von den Besten: Vacheron & Constantin, Audemars Piguet oder Edmond Jaeger. Bei Uhren von Cartier steht neben dem eleganten Design das kostbare Material im Vordergrund: die Uhr als Schmuckstück, als Juwel, und erst in zweiter Linie als Zeitmesser. Trotz dieser Ausrichtung

24   Reich mit Perlen
und Brillanten besetzte
Damenarmbanduhr von
Cartier, 1924.

kann Cartier als einer der Wegbereiter der Armbanduhr gelten: schon 1888 hatte
er drei Damenarmbanduhren im Sortiment; allerdings in typischer Cartier-Manier
als Schmuckstücke mit Goldband und Diamantrosenbesatz (Abb. 24).

Interessant für Markensammler ist zum Beispiel auch die Firma
Jaeger-Le Coultre. Nicht nur, weil man hier eine Fülle unterschiedlichster, teilweise sehr schöner und eleganter Modelle und technischer Besonderheiten mit
immer ungewöhnlich, knifflig und eigenwillig konstruierten Werken findet. Beispielsweise gehören versteckte Aufzüge und Zifferblätter zu den Spezialitäten
dieses Hauses. Berühmt ist die »Reverso«, eine Armbanduhr, die man zum Schutz
des Glases und Zifferblattes in ihrem Gehäuse drehen kann (Abb. 27). Allein die
Kaliberfamilie der Duoplans – in zwei Etagen übereinander konstruierte und daher
besonders kleine Baguettewerke (Abb. 26) – wäre ein Sammelgebiet für sich.

Jaeger-Le Coultre ist noch aus einem anderen Grund interessant für
Markensammler. Diese Firma hat nämlich bis in die dreißiger Jahre fast ausschließ-
lich anonyme, unsignierte, aber exklusive und hochwertige Rohwerke an andere
Firmen geliefert, wobei sie ständig mit Frédéric Piguet im benachbarten Le Brassus
um die flachsten und kleinsten Werke wetteiferte, auf welche beide sich speziali-
siert hatten. Werke von Jaeger-Le Coultre findet man in den besten, exklusivsten
Armbanduhren der Nobelfirmen Audemars Piguet, Patek Philippe oder Vacheron
& Constantin. Bei letzterer zum Beispiel das Kaliber P 1008/BS mit anhaltbarer
Sekunde im Modell »Chronomètre Royal« der fünfziger Jahre. Der Jaeger-Le
Coultre-Sammler hat also Gelegenheit, all seinen Spürsinn aufzubieten, um die

25

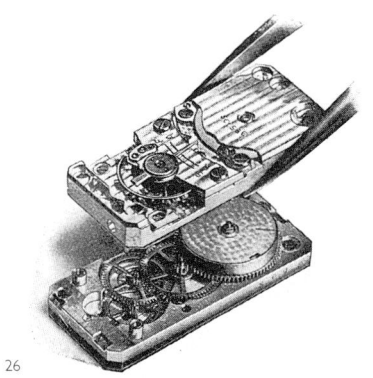

26

25   Herrenarmbanduhr von Jaeger LeCoultre mit automatischem Aufzug (Hammerautomatik), Modell »Futurematic« ohne Handaufzugsmöglichkeit, Zeigerstellung durch große, flache Krone auf der Rückseite der Uhr, Gangreserveanzeige (40 Stunden) bei der »9«, kleine Sekunde bei der »3«, um 1953.

26   »Duoplan« von Le Coultre, die Uhr in zwei Etagen. Die Aufzugskrone ist auf der Rückseite ins Gehäuse eingelassen, ca. 1932.

27   Goldene Herrenarmbanduhr von Jaeger LeCoultre, Modell Reverso, vierziger Jahre.

31   Goldene Herrenarmbanduhr von Hamilton, USA, Modell Piping Rock, um 1939.   ▷

32   Herrenarmbanduhr von Elgin, USA, in einem 14kt goldfilled Gehäuse um 1927.   ▷

27

28

29

28 Mido »Ocean Star« mit Kalender als Chronometer, siebziger Jahre.

29 Ein Armbandchronometer von Junghans, fünfziger Jahre.

30 Rechteckige 14 kt Herrenarmbanduhr »Gruen Curvex« mit spiralförmigen Bandansätzen, um 1948.

30

31

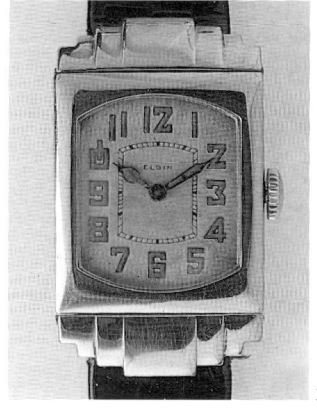

32

Werke seiner Firma unter fremden Signaturen ausfindig zu machen. Und da gibt es immer wieder Neues zu entdecken.

Die bisher beispielhaft erwähnten Marken wurden alle um die Mitte des vorigen Jahrhunderts gegründet, so daß ein Sammler, der mit Taschenuhren begonnen hat, nicht einmal seine Marke wechseln muß, wenn er auf Armbanduhren umsattelt. Auf diese Weise können einmalig komplette Markensammlungen entstehen.

Neben diesen exklusiven Marken gibt es eine Fülle anderer Firmen, auf die man sich spezialisieren kann und die den Vorteil haben, daß ihre Uhren preiswerter sind. Etwa die Armbanduhren von **Mido** (Abb. 28), besonders die der Modellgruppe »Oceanstar«, haben alle ein ganz typisches Design, ein Markenimage, das – wenn es mit den dicken kurzen, applizierten Balkenziffern und den ganz knappen Lünetten gefällt – zum Sammeln dieser technisch sehr hochwertigen Uhren reizen könnte. Einige weitere unter den zahlreichen Marken seien hier nur kurz aufgezählt: Baume & Mercier, Blancpain, Breguet, Breitling, Ebel, Eterna, Girard-Perregaux, Longines, Movado, Piaget, Ulysse Nardin, Vacheron & Constantin oder Zenith.

Auch eine deutsche Marke wie **Junghans** hat ein typisches Firmendesign, das sich durch betonte Schlichtheit und zarte, schlanke Ziffern und Zeiger auszeichnet (Abb. 29). Besonders die seit 1952 gebaute Modellgruppe der Armbandchronometer mit Werken der Kaliber J 82 bis J 85, die qualitativ hervorragend sind und bei vernünftigem Erhaltungszustand noch heute für ausgezeichnete Gangleistungen sorgen, ist für Markensammer interessant und wegen ihrer vielen Liebhaber auch sehr begehrt, obgleich immer noch zu recht moderaten Preisen zu haben. Junghans-Armbandchronometer kann man fast als Geheimtip bezeichnen, besonders so seltene Modelle wie die ersten Uhren des Kalibers J 82 mit kleiner Sekunde, die bei späteren Modellen über die Krone anhaltbar war.

Ein besonderes Thema sind **amerikanische Armbanduhren**. Sie sind in Deutschland wenig beliebt und auch wenig bekannt, obwohl man sich durch eine Reihe ausführlicher, deutschsprachiger Veröffentlichungen in den letzten Jahren inzwischen ähnlich gut über sie informieren kann wie über Schweizer Armbanduhren. Es scheint, daß die großen Stückzahlen, in denen amerikanische Armbanduhren schon frühzeitig maschinell hergestellt wurden, sowie die große Distanz sowohl zum Land wie zur Uhrenszene der USA ihre Akzeptanz hier erschweren. Das gilt besonders für die rein amerikanischen Marken wie Waltham, Hamilton, Elgin (s. Abb. 31, 32), Illinois oder Ingersoll.

Bekannter sind die »Grenzgänger« zwischen den USA und Europa. Etwa Bulova, die eine Uhrenfabrik in der Schweiz hatten und auch Schweizer Rohwerke und komplette Uhren mit ihrer Signatur verkauften. Schon ein Klassiker ist die Stimmgabeluhr »Accutron« von Bulova, aber auch die mechanischen Armbanduhren sind der Beachtung wert.

Die Firma Gruen aus Cincinnati/Ohio hatte eine Uhrenfabrik in Biel und arbeitete mit Assmann in Glashütte zusammen. Eines der bekanntesten

Armbanduhrmodelle von Gruen ist die 1935 auf den Markt gebrachte »Curvex«, eine stark gewölbte Rechteckarmbanduhr mit in sich gebogenem Formwerk. Das Modell »Duo Dial« aus den dreißiger Jahren war der berühmten Rolex Prince sehr ähnlich und war mit dem gleichen Werkskaliber bestückt wie diese. Ebenfalls in den dreißiger Jahren hat Gruen sehr phantasievolle Gehäuse (Abb. 30) – meist in den USA – hergestellt und sie mit importierten Schweizer Werken versehen. Diese und viele andere interessante Modelle machen Gruen für Markensammler auch in Europa durchaus interessant.

Die größte Zahl und Bandbreite an amerikanischen Armbanduhren führen derzeit (Frühjahr 1992) die beiden deutschen Auktionshäuser Henry's in Mutterstadt und Joseph in Mönchengladbach.

Schließlich gilt es für den Markensammler, diejenige Marke zu finden, die ihn wegen ihrer technischen Besonderheiten, ihrer Eleganz oder wegen des typischen Designs »antörnt«. Diese Entscheidung muß kein bewußter, vernunftbetonter Akt sein – außer bei Kapitalanlegern. Häufig wird man sich einfach zu irgendeiner Besonderheit einer Marke hingezogen fühlen. Und man sollte bei der Sammelentscheidung das Gefühl ruhig mitsprechen lassen, denn das Hobby soll Freude machen, und dazu gehört eine Portion emotionaler Beteiligung einfach hinzu.

Werkskaliber

Das Sammeln von Kalibern gehört eigentlich in das Kapitel über Marken, denn auch hier geht es hauptsächlich um solche, allerdings spezialisiert auf die Hersteller von Werken. Schon bei Erwähnung der Firma Jaeger-Le Coultre wurde hingewiesen auf die Möglichkeit, Armbanduhren nach Werkskalibern dieser oder auch anderer Marken zu sammeln.

Was ist ein Kaliber? Nach G.-A. Berners berühmtem Fachlexikon der Uhrmacherei, weithin einfach »Lexikon Berner« genannt, ist das Kaliber die »Bezeichnung der Anordnung und der Abmessungen der verschiedenen Teile des Werks – Säulen, Räder, Federhaus usw. Dieser Ausdruck wurde dann angewendet, um die Form des Werkes, der Brücken, den Ursprung der Uhr, den Namen ihres Erbauers usw. zu bezeichnen« (Abb. 33).

Das Sammeln nach Werkskalibern ist besonders lohnend bei Schweizer Uhren und ergibt sich aus der traditionell arbeitsteilig organisierten Organisation der Schweizer Uhrenindustrie.

Zunächst waren es viele Heimarbeiter, die in eigener Verantwortung Einzelteile oder bestimmte Baugruppen der Uhren herstellten. Diese Teile wurden von den Etablisseuren, die größere Werkstätten hatten, eingesammelt

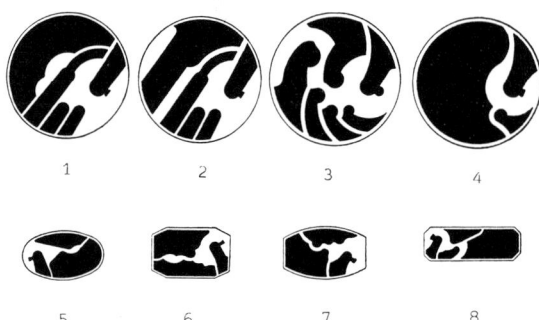

33 Kaliberformen nach G.-A. Berner:
1 Brückenkaliber
2 Revolverkaliber (nach der Form der Federhausbrücke)
3 Kaliber mit strahlenförmiger Brücke
4 Dreiviertelplatinen-Kaliber
5–8 Formkaliber

und zu Rohwerken zusammengebaut, die wiederum an einen Fabrikanten weiter verkauft wurden, der sie komplettierte (dem Rohwerk oder Ébauche fehlten noch Hemmung, Unruh und Zugfeder) und verfeinerte, in Gehäuse einsetzte und signierte. Dieser Fabrikant gilt, weil er die Uhren signierte, weithin auch als deren Hersteller; die vielen Einzelteil-Hersteller und Etablisseure blieben dagegen anonym. Die Heimarbeiter gibt es heute nicht mehr, und die Zahl der Schweizer Uhrenfabrikanten schrumpfte zwischen 1905 und 1989 um mehr als zwei Drittel auf 560. Dagegen gibt es die Rohwerke-Hersteller immer noch, inzwischen allerdings mit weitgehend automatisierten Fabriken arbeitend und alle zum Rohwerk nötigen Einzelteile selbst herstellend. Sie liefern ihre Rohwerke nach wie vor anonym an die eigentlichen Uhrenhersteller, welche sie fertigstellen und signieren. Trotz ihrer Anonymität waren und sind solche Hersteller höchst qualitätvoller und teilweise extrakomplizierter Rohwerke in Fachkreisen hochangesehen wie etwa im Vallée de Joux Louis Elisée und Frédéric Piguet aus Le Brassus oder Victorin Piguet aus Le Sentier.

Eine andere, mehr auf einfache Werke in großen Stückzahlen spezialisierte Rohwerkefabrik ist zum Beispiel die Eta AG, 1932 bei der Teilung der Firma Eterna entstanden und gleich eingegliedert in den 1927 gegründeten Zusammenschluß der meisten Schweizer Rohwerkehersteller zur Ebauches AG. Die Werke der einzelnen Ebauches-Mitglieder blieben aber erkennbar, weil sie, in einem einheitlichen Wappenschild, jeweils mit ihrer Abkürzung punzieren dürfen. Diese Punzen (Abb. 36) findet man meist in der Gegend unter der Unruh.

34 Verschiedene Werk- und Kaliberformen Schweizer Damenarmbanduhren, rund mit 15 Steinen, oval mit 15 Steinen, langoval mit 6 Steinen, Baguettewerk mit 17 Steinen.

35 Schweizer Werk- und Kaliberformen. Von links: Formwerk (Tonneau), signiert Ulysse Nardin (Le Locle), darunter rundes Werk in rechteckigem Gehäuse von Eterna (Grenchen). Uhr mit zwei Werken (Zonenzeit) von Ardath, ein Automatikwerk 7 ¾''' Kaliber 2551 von Eta und ein ovales 5''' Handaufzugswerk von FEF (Fleurier). Automatisches Eta-Kaliber für Tudor in einer Oyster Prince. Schweizer Handaufzugskaliber mit 15 Steinen.

Liste des Marques des Maisons affiliées et contrôlées de
EBAUCHES S.A.
Neuchâtel   Suisse

(AS)	Fabrique d'Ebauches A. Schild S. A.	Grenchen
(H)	Fabrique d'Horlogerie de Fontainemelon S.A.	Fontainemelon
(L)	Fabrique d'Horlogerie de Fontainemelon S.A. Succursale du Landeron	Le Landeron
(A)	Fabrique d'Ebauches A. Michel S. A.	Grenchen
(F)	Fabrique d'Ebauches Felsa S. A.	Grenchen
(EA)	Fabrique d'Ebauches Eta S. A.	Grenchen
(AV)	Fabrique d'Ebauches Bernoises S. A. Etablissement Aurore	Villeret
(V)	Fabrique d'Ebauches Vénus S. A.	Moutier
(U)	Fabrique d'Ebauches Unitas S. A.	Tramelan
(FFR)	Fabrique d'Ebauches de Fleurier S. A.	Fleurier
(P)	Fabrique d'Ebauches de Peseux S. A.	Peseux
(A)	Fabriques d'Ebauches Réunies d'Arogno S. A.	Arogno
(EB)	Fabrique d'Ebauches de Bettlach	Bettlach
(C)	Fabrique d'Ebauches de Chézard S. A.	Chézard
(D)	Derby S. A.	La Chaux-de-Fonds
(E)	Nouvelle Fabrique S. A.	Tavannes
(R)	Valjoux S. A.	Les Bioux

36 Fabrikmarken der
Ebauches AG (nach
R. Frei, Uhren-Fach-
kunde).

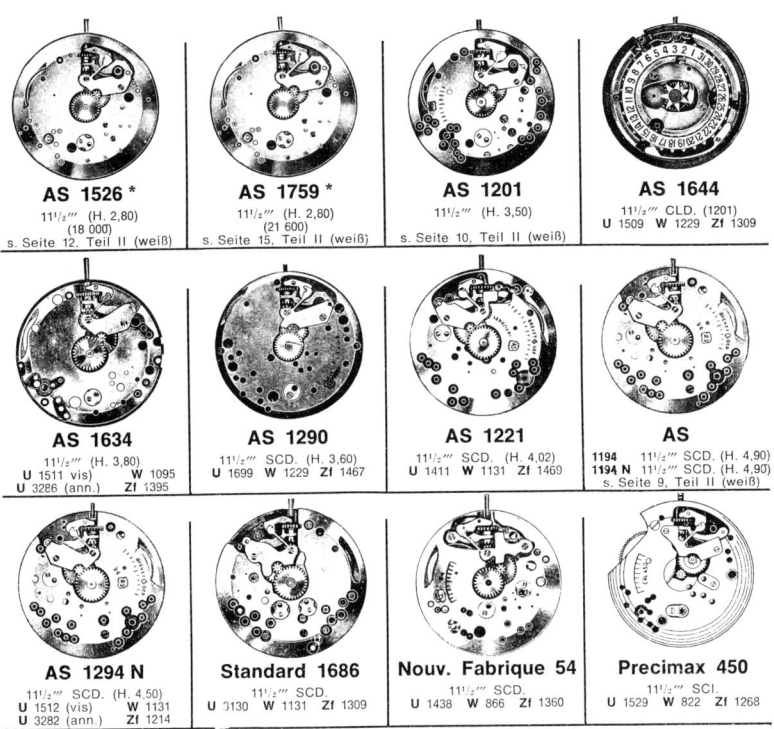

AS 1526 *	AS 1759 *	AS 1201	AS 1644
11¹/₂''' (H. 2,80) (18 000) s. Seite 12, Teil II (weiß)	11¹/₂''' (H. 2,80) (21 600) s. Seite 15, Teil II (weiß)	11¹/₂''' (H. 3,50) s. Seite 10, Teil II (weiß)	11¹/₂''' CLD. (1201) U 1509 W 1229 Zf 1309
AS 1634	AS 1290	AS 1221	AS
11¹/₂''' (H. 3,80) U 1511 vis) W 1095 U 3286 (ann.) Zf 1395	11¹/₂''' SCD. (H. 3,60) U 1699 W 1229 Zf 1467	11¹/₂''' SCD. (H. 4,02) U 1411 W 1131 Zf 1469	1194 11¹/₂''' SCD. (H. 4,90) 1194 N 11¹/₂''' SCD. (H. 4,90) s. Seite 9, Teil II (weiß)
AS 1294 N	Standard 1686	Nouv. Fabrique 54	Precimax 450
11¹/₂''' SCD. (H. 4,50) U 1512 (vis) W 1131 U 3282 (ann.) Zf 1214	11¹/₂''' SCD. U 3130 W 1131 Zf 1309	11¹/₂''' SCD. U 1438 W 866 Zf 1360	11¹/₂''' SCl. U 1529 W 822 Zf 1268

37 Eine Seite des
Flume-Werksuchers,
1972.

Es kann also eine spannende Aufgabe sein, die unter einer ganz anderen Signatur sich verbergenden Werke eines Rohwerke-Herstellers aufzutreiben und zu identifizieren, und eine Vertiefung in dieser Richtung kann viel Licht in das noch weitgehend vorhandene Dunkel der Beziehungen zwischen Rohwerke- und Fertiguhrenhersteller bringen, an welchem besonders letzteren gar nicht so sehr gelegen zu sein scheint, weil sie vielleicht glauben, eine Aufdeckung ihrer Rohwerkelieferanten schmälere ihr eigenes Verdienst. Der Kalibersammler, der etwa über die Herkunft eines bestimmten Werkes mit berühmter Signatur den Signierenden um Aufklärung bittet, sollte sich nicht wundern, wenn er, selbst nach mehreren höflichsten Erinnerungen, keine Antwort erhält.

Er bleibt dann auf sich selbst gestellt, wobei ihm der Flume-Werksucher (Abb. 37) oder der »Offizielle Katalog der Ersatzteile der Schweizer Uhr« – beides in mehrfacher Auflage erschienene, inzwischen seltene und gesuchte und daher teure Konvolute; dazu gedacht, dem Uhrmacher, der ein bestimmtes Ersatzteil bei seinem Furnituristen bestellen wollte, die Identifikation eines Werkes zu ermöglichen – unentbehrlich sind. So unentbehrlich, daß ich dem beginnenden Kalibersammler nur raten kann, sich zuallererst eine Ausgabe mindestens eines dieser beiden Konvolute zu besorgen. Sie werden gelegentlich von den Uhrenauktionshäusern angeboten.

Angesichts der Vielzahl unterschiedlicher Kaliber, die Firmen wie Omega oder Jaeger-Le Coultre hervorgebracht haben, kann es für den Kalibersammler schon eine lohnende Aufgabe sein, sich auf eine einzige dieser Firmen zu spezialisieren.

Man kann Werkskaliber aber nicht nur nach Marken, sondern auch nach anderen Gesichtspunkten sammeln: beispielsweise besonders flache Werke. Hier wird der ernsthafte Kalibersammler vielleicht dazu übergehen, nur Werke allein zu sammeln und keine kompletten Uhren, denn das Gehäuse verstellt ja den Blick auf das für ihn Wesentliche. Lose Werke lassen sich gut in einzelnen Plexiglaskästchen aufheben, wie sie die Hersteller zur Aufbewahrung und zum Versand auch benutzen.

Die Leistungen der Uhrmacher auf dem Gebiet des ultraflachen Werkes waren außerordentlich. Das flachste Handaufzugkaliber etwa von Frédéric Piguet, in den zwanziger Jahren entwickelt, war nur 1,7 mm hoch. Piguet verzichtete zum Beispiel bei einem für Omega 1955 entwickelten, sehr flachen Kaliber auf ein zentrales Minutenrad, um die Höhe drücken zu können. Das flachste Werk von Jaeger-Le Coultre hatte nur 1,38 mm Bauhöhe. Aber auch das wurde noch unterboten: von Jean Lassalle aus Genf mit seinem nur 1,2 mm hohen Kaliber 1200 von 1978. Er erreichte dies unter anderem durch nur eine Platine und die fliegende Lagerung der Räder.

Auch bei den automatischen Werken mit Zentralrotor führte das Bemühen um immer flachere Werke zu interessanten und sammelnswerten Lösungen. War die erste Harwood noch doppelt so dick wie ein normales Handaufzugwerk, die erste Rolex Perpetual von 1931 noch respektable 7,5 mm dick, so erreichte Zenith 1948 bereits 4,9 mm Werkhöhe. Ein Patent Frédéric Piguets von 1967 zeigte ein nur 2,4 mm hohes Automatikwerk, und der bisherige Rekord stammt wieder von Jean Lassalle, mit einem 2,08 mm hohen Werk aus dem Jahre 1978.

Dies waren nur einige, wichtige Beispiele; viele andere Firmen strengten sich an, sehr flache Werke zu bauen. Es ist eine interessante Aufgabe, nachzuspüren, auf welche Weise jeweils die technischen Probleme gelöst wurden. Denn man muß sich vor Augen halten, daß jede Unruh, jedes Zahnrad außer der eigenen Materialstärke noch Höhe für die unvermeidbare Welle, für deren Endzapfen mit der entsprechenden Lagerung und außerdem Luft für die Drehbewegung benötigte, denn eine Berührung der einzelnen Drehteile untereinander war ja unbedingt zu vermeiden. Ein Vorreiter der ultraflachen Armbanduhr war übrigens Cartier um 1900 mit seinen Münzuhren, bei denen in aufgesägte Goldmünzen Uhrwerke mit einer Höhe von nur 1,5 mm eingebaut wurden, die sogar eine Breguetspirale hatten, also eine Spirale mit über die eigentliche Spiralebene hinausgebogener Endkurve! Eine unsichtbare Druckvorrichtung ließ die Münze öffnen, der ihr besonderer Inhalt von außen nicht anzusehen war. Eine solche Cartiersche Münzuhr könnte ein guter und geistreicher Einstieg in eine Sammlung ultraflacher Armbanduhrwerke sein.

Für den Freund der Miniaturisierung käme das Sammeln der kleinsten Armbanduhrkaliber in Frage. Auch hier gab es für Damenarmbanduhren bemerkenswerte Leistungen. Wieder war Jaeger-Le Coultre ein Vorreiter: das kleinste Werk von 1929 maß nur 4,85 × 14 mm, es war ein baguette (stäbchen-)förmiges Formwerk (Abb. 39). Ebenfalls in den zwanziger Jahren entstand eine ganze Reihe weiterer sehr kleiner Baguettewerke mit teilweise sehr interessanten, platzsparenden Konstruktionen. Etwa nach Frédéric Piguets Patent von 1927 mit einer flachen Krone für Aufzug und Zeigerstellung auf der Rückseite der Uhr, mit einer durch die hohle Federhauswelle geführten Aufzugwelle für ein Werk mit einer Größe von 5 × 16 mm.

Nur wenig größer war Blancpains berühmtes, rundes Kaliber R 52 von 1956 mit 5''' (11,28 mm) Werkdurchmesser. Dieses Werk hatte 17 Funktionssteine (siehe S. 124), 3 Lagenfeinstellungen und eine im Durchmesser 4 mm große Unruh, die mit 22 Gewichtsschräubchen bestückt war (Abb. 38). Zweifellos ein Höhepunkt der Mikromechanik und dennoch ein ästhetischer Genuß. Und noch manche andere interessante Konstruktion gibt es hier aufzuspüren.

38 Kleines, 5liniges Damenarmbanduhr-Werk Kaliber R 52 von Blancpain, um 1956.

39 Baguetteförmiges Damenarmbanduhrwerk Kaliber 101 von Jaeger LeCoultre von 1929, kleinstes mechanisches Uhrwerk der Welt. Unten: Das Kaliber 101 in einer Damenuhr von Jaeger LeCoultre, fünfziger Jahre.

Funktionen, Typen

Waren die aufgezeigten Möglichkeiten des Sammelns nach Marken schon sehr umfangreich, so ergeben sich beim Sammeln nach Funktionen und Typen oder technischen Merkmalen nahezu endlose Möglichkeiten. Auch hier können daher nur einige ausgewählte Vorschläge und Anregungen gemacht beziehungsweise erläutert werden.

Beliebte und interessante Sammelgebiete sind zunächst die verschiedenen, bereits anfangs erwähnten **Komplikationen**: Chronographen, Uhren mit Kalenderindikationen, Armbandwecker, Armbanduhren mit Repetitionsschlagwerk oder die vielfältigsten Kombinationen dieser Komplikationen. Hier kann sowohl der Sammler mit schmalem Geldbeutel eine interessante Sammlung mit einfachen Chronographen verschiedener Bauweisen und Kalenderuhren, wobei besonders bei letzteren die sehr unterschiedlichen Zifferblattindikationen sammelnswert sind, zusammentragen als auch der wohlhabende Sammler, der sich auf Rattrapante-Chronographen, ewige Kalender, Repetitionsarmbanduhren oder hochkomplizierte Stücke berühmter Nobelmarken verlegt.

Ein in letzter Zeit zunehmend beachtetes Sammelgebiet ist der Komplex der vorwiegend militärischen Armbanduhr, der **Beobachtungs-** oder **Pilotenuhr**. Hierhin gehört zunächst die mit ihrer Zifferblattvergitterung sehr charakteristische Soldatenuhr des Ersten Weltkrieges. Diese Armbanduhren mußten sehr robust sein, mußten den Elementen standhalten können, außerdem zuverlässig und ganggenau sowie gut ablesbar sein. Diese Merkmale führten um die Zeit des Zweiten Weltkrieges wieder zu einem sehr charakteristischen Armbanduhrentyp mit wasserdichtem Stahlgehäuse, sehr präzisem Werk mit Stoßsicherung der Unruhwelle, mit Unruh-Stopvorrichtung bei gezogener Krone und mit kontrastreichem, meist schwarzem Zifferblatt mit weißen Radiumziffern und -zeigern. Eines der bekanntesten Modelle in diesem Bereich ist die seit 1948 gebaute, derzeitige Kultuhr Mark XI von IWC.

In den vierziger Jahren entstanden besondere Pilotenuhren, die die Größe von Taschenuhren hatten und teilweise mit langem Lederriemen oberhalb des Knies oder am Arm über die Fliegermontur zu schnallen waren. Die fünf Systeme dieser Piloten- oder Beobachtungsuhren entstanden bei Lange & Söhne in Glashütte, IWC, Laco, Stowa und Wempe. Es gab die militärische B-Uhr auch als Taschenuhr. Eine B-Uhren-Sammlung wird daher meist Armband- und Taschenuhren umfassen.

In dieses Sammelgebiet gehört auch die sogenannte Stundenwinkel-Uhr von Longines, die in Zusammenarbeit mit Charles Lindbergh, dem ersten Überquerer des Atlantik nonstop mit einem Flugzeug, nach 1927 entwickelt wurde für eine vereinfachte Positionsbestimmung bei Langstreckenflügen, bei der die Grade und Bogenminuten, sonst langwierig zu errechnen, unmittelbar vom Zifferblatt abgelesen werden können (Abb. 44). Longines stellt inzwischen eine Neuauflage dieser Uhr in zwei Größen her.

40 Pilotenuhr von IWC, Kaliber 52, aus der Zeit des Zweiten Weltkrieges.

41 Silberne Herrenarmbanduhr mit Vollkalender und Mondphase von Universal, Kaliber 291,9''', 17 Steine, um 1940.

42 Rechteckige Platinherrenarmbanduhr mit Kalender und Mondphase von Audemars Piguet, 1928 auf den Markt gekommen.

43 Frühe Herrenarmbanduhr in Chromgehäuse mit Datum und Wochentag von Henry Moser, um 1916.

Besonders wasserdicht, und das bis in große Tiefen, mußten **Taucherarmbanduhren** sein. Hier waren das verschraubte Gehäuse und die verschraubte Krone unentbehrlich. Außerdem ergaben die Anforderungen des Tauchens einen ganz speziellen und deswegen auch für sich sammelnswerten Uhrentyp: Außer der Wasserdichtigkeit, die bei den meisten Modellen von 100 bis 300 m Wassertiefe reichte – eine Norm ist, daß eine Taucheruhr bei 100 m Tiefe eine Stunde lang dicht bleiben muß – hat die Taucheruhr außen einen Drehring mit Markierungen und einem Rastwiderstand, damit er sich nicht unbeabsichtigt verstellen kann. Damit kann, an der Stellung des Minutenzeigers zum eingestellten Wert auf dem Drehring, die Tauchzeit kontrolliert werden (Abb. 145). Um im Dämmerlicht unter Wasser noch gut ablesbar zu sein, haben Taucheruhren sehr kontrastreiche Zifferblätter mit häufig überdimensionierten Ziffern und Zeigern. Manche Modelle verfügen über einen Tiefenmesser, der durch Messung des Wasserdrucks mit einer Membrandose funktioniert. Bekannte Taucheruhrenmodelle sind der »Seamaster« von Omega, von IWC die Modelle »Aquatimer« und »Ocean 2000«, »bathy 50« von Favre-Leuba, die zugleich antimagnetische »Fifty Fathoms Milspec1« von Blancpain oder »Submariner« und »Sea Dweller« von Rolex. Das Modell »Superocean« von Breitling hat zugleich einen Chronographen. Die extremste Taucheruhr stammt von Rolex. Sie entstand um 1945 und blieb, mit einem dicken, kugelförmigen Glas gegen den hohen Wasserdruck versehen, bis in über 10 000 m Tiefe wasserdicht. Also ein sehr lohnendes Sammelgebiet; besonders reizvoll, wenn man selbst Sporttaucher ist.

Ein weiteres Gebiet sind die schon erwähnten **Armbandchronometer**. Das sind Armbanduhren mit Handaufzug oder Automatik, die ein besonders ganggenaues, umfassend feingestelltes Präzisionswerk haben. Feinstellung oder Regulierung (französisch réglage) bedeutet, daß eine Uhr von einem Fachmann, dem Regleur, durch bestimmte Verfeinerungsarbeiten am Gangregler (zum Beispiel Kontrolle und Nachbiegen der Spiralfeder oder ihrer Endkurve, besonders sorgfältiges Auswiegen der Unruh und Versetzen ihrer Gewichtsschrauben, genaues Einstellen der Rückerstifte) und an der Hemmung so gut eingestellt wird, daß sie in den verschiedenen Lagen und bei unterschiedlichen Temperaturen möglichst niedrige Gangabweichungen und -fehler aufweist. Die Art der Regulierung ist meist direkt auf dem Werk eingraviert, zum Beispiel »adjusted to 5 (five) positions and temperature«.

Armbandchronometer gab es in der Schweiz seit 1925, in Frankreich seit 1931 und in Deutschland seit 1952; das sind die Zeitpunkte, zu denen jeweils offizielle Prüfstellen eingerichtet wurden. Bei Bestehen einer Prüfung mit festgelegten Grenzwerten für fünf verschiedene Lagen und zwei Temperaturen durfte die Uhr die Bezeichnung »Chronometer« tragen. In der Schweiz wurden die Grenzwerte alle paar Jahre verschärft; Deutschland paßte sich den neuen Schweizer Grenzwerten immer an. In den drei genannten Ländern, am umfangreichsten aber in der Schweiz, gab es außer diesen normalen Chronometerprüfungen für Gebrauchsuhren auch solche an den Observatorien, an denen aber nur

44 Stundenwinkel-Armbanduhr Typ »Lindbergh« von Longines, um 1932.

45 Piloten-Armbanduhr Modell »Navitimer« von Breitling mit Dreh-lünette für mehrere Rechenoperationen, Chronograph mit 30-Minuten- und 12-Stunden-Zähler, um 1952.

46 Silberne Herrenarmbanduhr mit Chronograph und 30-Minuten-Zähler, Drücker bei der »6«, unsigniert, um 1924.

47 Armband-Siderograph für Piloten (Patent von Longines), um 1942.

48   Set mit drei am Handgelenk zu
tragenden Instrumenten, von Rolex in
den vierziger Jahren an die italienische
Marine geliefert; links Tiefenmesser
(bis 40 m), Mitte Taucheruhr, rechts
Kompaß.

wenige Uhren teilnahmen (zum Beispiel 1965 in der Schweiz 346 Observatoriums-
Chronometer gegenüber 243 000 normalen Armbandchronometern) und die
zugleich als Wettbewerbe eingerichtet waren. Gelegentlich werden die Gang-
scheine der Observatorien als große, die der Prüfbüros als kleine Zertifikate
bezeichnet, was aber keine offiziellen Bezeichnungen sind. Der Grund dafür ist,
daß die Observatoriums-Prüfungen ausführlicher und strenger waren und mit 44
Tagen länger dauerten als jene der Prüfbüros mit nur 15 Tagen. Außerdem machte
die Observatoriumsprüfung, besonders wenn man einen guten Platz im Wettbe-
werb anstrebte und nicht nur einen Gangschein, erheblich bessere Gangleistungen
erforderlich. Wegen der geringen Stückzahlen sind Observatoriums-Armbandchronometer äußerst selten. Sie waren auch nicht für den Verkauf gedacht,
sondern blieben meist nach einer Teilnahme an einem Observatoriums-Wettbe-
werb bei der Herstellerfirma. Ganz selten tauchen solche Stücke daher einmal im
Handel oder bei einer Auktion auf.

Die größten Hersteller von Armbandchronometern waren in der
Schweiz Omega, Rolex, Mido, Bucherer, Eterna, Zenith, Marvin und Ulysse
Nardin, in Deutschland Junghans und in Frankreich Lip. Das Reizvollste und am
meisten Befriedigende beim Sammeln von Armbandchronometern, außer der
Erreichung einer möglichst umfangreichen, kompletten Sammlung, scheint mir die
Möglichkeit zu sein, durch sorgfältige Überholung und Nachregulierung möglichst

ESPECIALLY GOOD
Time results

OFFICIAL CONTROLMENT OFFICES
FOR THE
RATING OF WATCHES
INSTITUTED IN   THE TOWNS OF

BIENNE, LA CHAVX-DE-FONDS, LE LOCLE, ST. IMIER
(SWITZERLAND)

TRIALS FOR WRISTLET-WATCHES. The Office of *Bienne-Biel*

hereby delivers the Time keeping Certificate N° *3365* for the Watch N° *8049*

Barrel shaped Chronometer Diameter of Movement 7¾–16.9 ™ Height 4 ™

Escapement *Lever* Hairspring *Breguet Elinvar* Balance *Compensated*

Rolex Watch Co. Ltd.
Bienne-Geneva-London.

19 30	Days	Daily Rates	Variations of the Daily Rates	Positions			Temperatures	Observations
Février	26–27	– 2		Vertical, Pendant down			17°	
1	27–28	– 2	0,0	»	»	»	17°	
1	28–1	0,0		»	»	left	17°	
Mars	1–3	– 4	4	»	»	»	17°	
1	2–3	– 5		»	»	up	17°	
1	3–4	– 5	1	»	»	»	17°	
1	4–5	– 14		Horizontal, Dial down			17°	
1	5–6	– 17	3	»	»	»	17°	
1	6–7	– 21		»	»	up	2°	in the Refrigerator
1	7–8	– 15		»	»	»	17°	
1	8–9	– 24	9	»	»	»	17°	
1	9–10	– 25	1	»	»	»	17°	
1	10–11	– 34		»	»	»	32°	in the Oven
1	11–12	0,0		Vertical, Pendant down			17°	
1	12–13	– 4		»	»	»	17°	

SUMMARY:

Mean variation . . . . ± 3,00
Greatest variation. 9
Variation per Centigrade degree of
temperature . . . . – 0,43

Rate-resuming . . . . – 2
Mean daily rate in the various positions – 9,9
Greatest difference between two rates
in the vertical positions, crown
down, left, up, and horizontal, dial
down . . . . – 17

See overleaf Articles 6 to 9 of the Regulations.
+ means; Slow; – means; Fast.

Bienne-Biel

The Observatory Timekeeping stated on this Official Certificate has been reexamined and found correct. Rolex Watch Co. Ltd. Geneva-Switzerland.
Dated: APR. 1934

G.A. Borner
DIRECTOR.

ESPECIALLY GOOD
Time results

49 Zertifikat für eine Rolex-Armbanduhr der offiziellen Chronometer-Prüf-
stelle in Biel aus dem Jahre 1934.

50   Armbanduhr von Rolex von 1945/46, Modell Oyster Perpetual (sogenannte Bubble Back), Ref. 2940.

Werkansicht nach Abnahme des Rotors.

51   Omega-Constellation-Armbandchronometer mit Automatikwerk von 1963/64 ohne Sekundenzeiger!

Automatikwerk der Omega-Constellation Kaliber 712.

52 Herrenarmbanduhr mit
Wecker, Modell »Duofon« von
Pierce, um 1960.

53 Herrenarmbanduhr mit
Wecker, Modell »Cricket« von
Vulcain, seit 1947 auf dem Markt.

gute Gangleistungen zu erzielen, so daß diese Sammleruhren im Idealfall auch heute noch die Chronometerprüfung (natürlich nach den Grenzwerten ihrer Herstellungszeit) bestehen. Es kann mitunter Wochen, ja Monate dauern, bis dieses Ziel erreicht ist, und bei manchen Uhren gelingt es gar nicht mehr – allerdings bei erstaunlich wenigen. Das Sammeln von Armbandchronometern ist also etwas für Genauigkeitsfanatiker, und man sollte unbedingt einen Uhrmacher von der alten Sorte in der Nähe haben.

Ein interessantes Sammelgebiet können Armbanduhren mit ausgefallenen und **besonderen Zifferblattindikationen** sein. Denn die Hersteller haben sich keineswegs beschränkt auf das landläufige Zifferblatt mit radialen Ziffern und drei verschieden großen Zeigern für Stunden, Minuten und Sekunden – obwohl auch diese Normallösung viele interessante Varianten hatte – sondern sie haben die phantasievollsten Anzeigeformen entwickelt bzw. sehr häufig solche Systeme von der Taschenuhr übernommen. Einige Bildbeispiele sollen das Spektrum der Möglichkeiten zeigen, denn hier ist es besser, Bilder statt Worte sprechen zu lassen (Abb. 60–65).

Oder warum nicht Armbanduhren nach ungewöhnlichen, ausgefallenen **Gehäuseformen** sammeln? Da gibt es ästhetisch sehr gelungene oder auch extrem häßliche bis groteske Formen zu entdecken.

Mickeymouse-Armbanduhren sind inzwischen ein beliebtes Sammelgebiet. Das sind einfache, ursprünglich für Jugendliche gedachte Armbanduhren mit Stiftankerhemmung und Mickeymouse-Figuren auf dem Zifferblatt (Abb. 66).

54/55 Zwei Armbanduhren des Modells »Prince«
von Rolex mit zweigeteiltem Zifferblatt (Duo-Dial),
nach 1930. Die linke Uhr hat die seltene Zentralsekunde und zusätzlich eine kleine Sekunde.

56 Armbandchrono-
meter von Rolex mit
automatischem Aufzug,
vierziger Jahre.

57 Herrenarm-
banduhr mit 8-Tage-
Werk von Hebdomas
mit sichtbarer Gang-
partie im linken Teil
vom Zifferblatt, um
1915.

58 Silberne Herren-
armbanduhr von
Omega mit schwar-
zem Zifferblatt und
verschraubter
Lünette, dreißiger
Jahre.

59 Armbanduhr als
Halbsavonnette,
durch die kleinen Öff-
nungen im Deckel sind
die Stundenzahlen
sichtbar,
um 1920.

60   Herrenarmbanduhr von Wittnauer, futuristisches
Zifferblatt mit retrograder Zeitanzeige und Datum,
um 1970.

61   Links: Armbanduhr,
signiert Carsic, mit
»Regulator«-Zifferblatt:
kleine Hilfszifferblätter
für Stunde und Sekunde
sowie Zentralminute,
fünfziger Jahre.

62   Armbanduhr mit
Duo-Dial-Zifferblatt, um
1940.

63   Armbanduhr von
Mido mit digitaler Stun-
den- und Minutenanzeige
und normaler kleiner
Sekunde, dreißiger Jahre.

64   Herrenarmbanduhr
von Cornavin Watch,
Dekompressionsanzeige.
Sekunden- und Minuten-
anzeige mit Zeigern,
Stunden im Fenster,
um 1963.

65   Rechteckige Arm-
banduhr von Le Phare
mit retrograder Zeit-
anzeige und Datum,
um 1965.

Das Sammeln von **Damenarmbanduhren** kann eine lohnende und schöne Aufgabe sein, und zwar keineswegs nur für Armbanduhren-Sammler**innen**. Wobei die Samml**er** allerdings den Nachteil in Kauf nehmen müssen, daß sie ihre Sammlungsstücke nicht am Arm tragen können (aber warum eigentlich nicht?). Da Damenarmbanduhren als Sammelgebiet offenbar wenig bekannt oder beliebt sind und dennoch viele Stücke am Markt und auf Auktionen zu haben sind, sind sie meist recht preiswert (Abb. 67–72).

66   »Mickey Mouse«-
Armbanduhr aus derzei-
tiger Produktion.

67–72 Damenarmbanduhren im Weißgoldgehäuse aus den dreißiger Jahren.

Besonders der an Uhrendesign und Schmuck Interessierte wird hier angesprochen. Denn die Damenarmbanduhr wurde überwiegend als Schmuckstück und erst in zweiter Linie als Zeitmesser angesehen. Da es also den Herstellern mehr auf Schönheit und Kostbarkeit denn auf Ganggenauigkeit ankam – ob die Damenwelt diese Maxime der Fabrikherren zustimmend oder eher skeptisch hinnahm, ist nicht bekannt – wurden gerade bei Damenarmbanduhren einfache Werke mit Zylinderhemmung, durchaus auch in kostbaren Gehäusen, besonders lange verwendet. Ganz charakteristisch sind, vorwiegend in den fünfziger Jahren, diese breiten und verzierten Goldarmbänder mit einem ganz verlorenen, winzigen Uhrwerk; das ebenso winzige Zifferblättchen unter dem Glasscheibchen ist kaum abzulesen. Das Armband war deutlich wichtiger als das darin eingebettete Ührchen (Abb. 39).

Ein sehr interessantes Spezialgebiet der Damenarmbanduhr sind die bereits erwähnten, besonders kleinen baguetteförmigen, teilweise zweietagigen Werke (zum Beispiel Jaeger-Le Coultres Duoplan) der zwanziger Jahre, oder die ausgefallenen, hocheleganten und kostbaren Art-Deco-Schmuckuhren von Cartier oder Tiffany.

Technik

Hier sind zunächst **automatische Armbanduhren** zu nennen. Bereits die Konzentration auf frühe automatische Aufzüge ist eine Sammlung wert, wobei diese meist noch preiswert zu haben sind. Denn gerade in der experimentierfreudigen Anfangsphase der zwanziger und dreißiger Jahre gab es viele interessante Konstruktionen. Etwa eine noch sehr an der automatischen Taschenuhr orientierte Armbanduhr von Léon Leroy in Paris (1922) mit einer ausmittig gelagerten Pendelschwungmasse (Abb. 73, 74). Dann sind die ersten serienmäßigen Automatikmodelle von A. Schild nach dem Patent des Engländers John Harwood, mit zentral gelagerter Pendelschwungmasse und ohne Krone, mit Zeigerstellung über eine Drehlünette, zu erwähnen. Von diesem Modell gibt es inzwischen eine Neuauflage.

Interessant ist die von Blancpain nach einem Patent von Léon Hatôt gefertigte rechteckige »Rolls«, bei welcher der Aufzug der Zugfeder durch das sich auf Kugellagern hin- und herbewegende Uhrwerk erfolgt, aber auch die ähnlich wie die Rolls nach dem Rüttelprinzip funktionierende »Wig-Wag« der Firma La Champagne in Biel.

Eine weitere Variante ist die »Autorist«; wieder von A. Schild nach einem weiteren Patent Harwoods gefertigt, welche die Veränderung des Handgelenkumfangs beim Öffnen und Schließen der Hand nutzt, um die Zugfeder durch einen äußeren Hebelmechanismus zu spannen.

73/74 Eine der ersten
Armbanduhren mit auto-
matischem Aufzug von
Léon Leroy, Paris, um
1922.
Rechts: Das Werk mit
großer Pendelschwung-
masse auf der Rückseite.

Und schließlich die »Perpetual« von Hans Wilsdorf 1931, erstmals
mit einem unbegrenzt sich drehenden, zentral gelagerten Rotor, der allerdings die
Zugfeder nur in einer Drehrichtung spannte. Diese Konstruktion bewirkte den
endgültigen Durchbruch des automatischen Aufzuges.

Anschließend folgte die weitere Entwicklung des immer effektiver,
leichtgängiger (zum Beispiel mit Kugellagern) und flacher werdenden Zentralro-
tors: von der ersten, mit einem Wechselgetriebe in beiden Drehrichtungen des
Rotors aufziehenden Lösung 1942 von Felsa bis zu der schon erwähnten, bisher
mit 2 mm Bauhöhe flachsten Lösung 1978 von Jean Lassalle, und schließlich die
Entwicklung des in die Werksebene integrierten Planeten- oder Mikrorotors in der
Größe der Unruh oder des Federhauses.

Das Spektrum der verschiedenen Aufzugsysteme, Getriebe sowie
Rotor- und Schwungmasseformen ist derart vielfältig, daß es den Automatiksamm-
ler schon fast zur Spezialisierung zwingt.

Ein Sammelgebiet für Techniksammler dürften auch die besonders
hochwertigen **Präzisionswerke** sein. Woran man diese erkennen kann und welch
wichtige Rolle dabei das Reglement zur Erlangung des Genfer Siegels spielt, wird
später noch ausgeführt (Abb. 137, 138).

Ein an hochwertigen, besonders sorgfältig und schön vollendeten
Präzisionswerken interessierter Sammler wird als Spezialgebiet bald die **Schweizer Schuluhren** entdecken, denn an den Schweizer Uhrmacherschulen war die
Verfeinerung und Vollendung eines gekauften, einfachen Werkes eine Meisterprü-
fungsaufgabe. Man wird unter den seltenen, nur gelegentlich einmal auf dem Markt
auftauchenden Schuluhren meist nur ältere Exemplare finden, frühestens aus den
fünfziger oder frühen sechziger Jahren. Denn es war und ist den Uhrmachern
verboten, ihre Meisterstücke zu verkaufen. Diese kommen also höchstens einmal
nach dem Tod ihres Verfertigers zum Verkauf.

Für den an Technik Interessierten könnte eine Spezialisierung sinn-voll sein auf die Entwicklung und die verschiedenen Arten der **Gangreglersysteme**, das sind die Unruh mit Spiralfeder sowie die Hemmung, also das Herzstück der Uhr; obwohl – oder vielleicht gerade weil? – es da nicht viele Alternativen gibt. Die Hemmungssysteme der Armbanduhr sind nicht entfernt so zahlreich und interes-sant wie die der Taschenuhr. Denn bei der Armbanduhr war von Anfang an die, bei der Taschenuhr längst zu einer perfekt funktionierenden und problemlosen Form entwickelte, Schweizer Ankerhemmung die Lösung der Wahl. Andere Formen gab es nur bei Billiguhren. Etwa die Zylinderhemmung, die in den ersten Jahrzehnten unseres Jahrhunderts nahezu ausschließlich in Damenarmbanduhren verwendet wurde – das billig bezieht sich hier nur auf das Uhrwerk selbst, nicht auf das kostbare Äußere – und bis vor kurzem immer noch gebaut wurde, oder die Stiftankerhemmung. Sie war uns schon in den Mickeymouse-Uhren begegnet. Die Firma Oris, die bis 1960 ausschließlich Armbanduhren mit Stiftankerhemmung herstellte, hat mit dieser Hemmung erstaunlich gute Gangleistungen erreicht, zum Teil sogar Chronometerzertifikate.

In Form und Material kann auch die Unruh zum Sammeln anregen. Denn von der bimetallischen, zweiteiligen Kompensationsunruh der Frühzeit, mit Gewichts- und gelegentlich sogar Regulierschrauben wie bei Präzisionstaschenuh-ren, bis hin zur monometallischen, für das Auge zwar langweiligen, dafür aber fast gänzlich temperaturunempfindlichen glatten Glucydur-Ringunruh war es ein wei-ter Weg mit vielen unterschiedlichen technischen Lösungen, beispielsweise die teils sehr raffinierten Systeme der Organe zum Auswuchten und Feinregulieren etwa bei der Gyromax-Unruh von Patek Philippe.

Allerdings wird es wohl nur wenige Sammler geben, deren Schwer-punkt derart versteckte Teile der Uhr sind. Aber ein solcher Sammelschwerpunkt läßt sich ohne weiteres mit anderen Aspekten verbinden, die offen-sichtlicher sind.

Zum Sammeln anregen können auch die verschiedenen Systeme von **wasserdichten Gehäusen**. Hier war es wieder die Firma Rolex, von der die erste serienmäßig hergestellte, wasserdichte Armbanduhr stammte: die 1926/27 auf den Markt gebrachte, berühmte »Rolex Oyster« (= Auster) mit verschraub-tem Gehäusedeckel und verschraubter Krone. Viele andere Systeme entstanden in den nächsten Jahren, da ein großer Bedarf an wasser- und staubdichten Gehäusen bestand, und um den Patentschutz von Rolex' Oystergehäuse zu umgehen. Besonders rechteckige Gehäuse waren schwierig zu dichten; gerade hier sind die Konstruktionen daher kompliziert und die meisten Gehäuse schwierig zu öffnen. Das »Journal Suisse d'Horlogerie« veröffentlichte in seinen Nummern 7 bis 10 des Jahrgangs 1940 sämtliche wasserdichten Gehäuseverschluß-Varianten mit den entsprechenden Instrumenten, sie zu öffnen. 51 Konstruktionen waren es und 35 spezielle Instrumente zum Öffnen all dieser Konstruktionen waren erforderlich. Die Abbildung 93–97 zeigt diese Systeme in einer Reproduktion aus dem JSH, da der Sammler ihnen immer wieder begegnen wird. Die weitaus meisten der runden Gehäuse haben einen verschraubten Rückdeckel; unterschiedlich ist nur das

System der Verschraubung und das entsprechend geformte Öffnungsinstrument. Als neues Dichtungssystem kam danach, in den sechziger Jahren, nur noch das Einschalen-Gehäuse (Monocoque) hinzu. Hier besteht das Metallgehäuse aus einem Stück, und das Werk wird von der Glasseite aus eingesetzt. Dazu muß die Krone der zweiteiligen Aufzugwelle mit einer Spezialzange abgezogen und das meist armierte Glas mit Druckluft oder (vorsichtig und mit viel Gefühl!) mit einem Glasabheber abgehoben werden.

Der Liebhaber handwerklich-technischer Spielereien wird sein Vergnügen haben an **skelettierten Armbanduhren**. Das sind Uhren, bei denen das verglaste Werk mit allen seinen Bewegungsorganen durchsichtig ist, da alle tragenden Teile wie Brücken, Kloben und Platinen ausgesägt sind bis auf ein zum Tragen erforderliches, minimales Gerüst. Skelettierte Armbanduhren sind recht selten. Cartier hatte sie in den zwanziger Jahren in seinem Programm. Heute bieten die meisten Schweizer Nobelfirmen wie Audemars Piguet, Patek Philippe, Vacheron & Constantin, auch Breguet oder Eterna, skelettierte Modelle an. Diese gibt es auch als individuelle Einzelstücke von Künstlern wie Kurt Schaffo aus Le Locle oder B. F. Kurth, Kerpen/Köln. Man sollte beachten, daß das Skelettieren eines kleinen Armbanduhrwerkes eine mühsame, zeitraubende Handarbeit ist: skelettierte Armbanduhren können daher nicht billig sein. Eine bestimmte Sorte von ihnen, die man sehr preiswert in Kaufhäusern und billigen Uhrenläden kaufen kann, ist hier nicht gemeint. Dies sind einfache, gestanzte und rohe Serienprodukte mit Maschinengravur. Wer einmal des Preises wegen bei einem solchen Stück schwach geworden ist, wird es spätestens dann weglegen und nie wieder ansehen, wenn er eine wirklich handwerklich skelettierte Uhr daneben gehalten und damit verglichen hat. Das reizvollste an skelettierten Uhren ist, daß man das lebhafte Spiel von Unruh und Hemmung und dessen Übertragung auf das Zeigersystem unbehindert betrachten und verfolgen kann.

Ein ähnliches Sammelgebiet sind **Mysterieuses**. Wie bei den skelettierten Armbanduhren kommt auch hier die Idee von den Taschenuhren. Eine Mysterieuse ist eine Uhr, bei der das Werk möglichst klein und so verborgen ist zwischen durchsichtigen, verglasten Flächen, daß der Eindruck entsteht, die Uhr habe gar kein Werk: es ist rätselhaft, geheimnisvoll (= mysterieux), wieso sie ohne erkennbares Werk gehen kann.

Gegenüber der Taschenuhr sind bei der kleinen Armbanduhr die Möglichkeiten, das Werk zu verstecken, allerdings beschränkt. Die normale mysteriöse Armbanduhr hat ein möglichst kleines, etwa fünfliniges Werk in der Mitte und außen herum einen mehr oder weniger breiten, verglasten und durchsichtigen Kreisring, der häufig die Ziffernsymbole trägt. Nach diesem Prinzip gab es etwa in den zwanziger Jahren eine Reihe kostbarer Modelle von Cartier, teilweise mit Werken von Le Coultre, und später auch von Jaeger-Le Coultre signierte Stücke. Auch von diesem Typ gibt es heute preiswerte Serien-Reproduktionen, deren Erwerb dem ernsthaften Sammler auf die Dauer keine Freude machen wird.

Elektrische Armbanduhren

»Lohnt sich das Sammeln elektrischer Uhren?« Diese Frage stellte Professor Aßmus in einem Vortrag auf dem Europäischen Kongreß für Chronometrie in Stuttgart im Oktober 1990 (Schriften der Freunde alter Uhren, Band XXX/1991, S. 29 ff.). Er meinte dies nicht aus der materiellen, sondern aus einer historisch-musealen Sichtweise und bezog sich auf die batteriebetriebene Armbanduhr mit Unruh-, Stimmgabel oder Quarzschwinger.

Wenn auch die Stimmgabel-, noch mehr aber die um 1970 auf den Markt gekommenen Quarzarmbanduhren, Massenprodukte sind, die in Millionen-auflagen produziert werden (jährliche Weltproduktion mehr als 500 Millionen Stück), alle völlig gleich ohne die geringste Individualität und damit einen auf individuelle Stücke erpichten Sammler nicht gerade stimulierend, so bejahte Aßmus seine Frage jedoch vorsichtig, aber eindeutig, indem er feststellte, daß einerseits auch die in großen Stückzahlen produzierten Modelle nach Einstellung der Produktion schnell selten werden können, wie es etwa die 1961 eingeführte Bulova »Accutron« heute schon ist. Außerdem gebe es gerade in den frühen Erstserien Modelle, von denen höchstens 3000 Exemplare den Markt erreicht hätten. Das erste Schweizer Quarzkaliber Beta 21 von 1969 sei heute bereits ebenso rar wie Junghans' erste Quarzuhr Astrochron, von deren erster Serie nur etwa 100 Stück hergestellt wurden. Ihre Seltenheit mache diese Modelle sammelnswert.

Da es in der Entwicklung dieser Uhren bis zur heutigen Perfektion und Stückzahl noch manch andere Einzel- und Erstmodelle gibt, kann der Freund und Sammler elektrischer Spezialitäten und Raritäten durchaus auf seine Kosten kommen (auch dies nicht primär materiell, sondern ideell gemeint), wenn er den eher museal inspirierten Sammler-Grundsatz für sich akzeptiert, daß die Seltenheit ein Sammelmotiv ist.

Die 30 Jahre seit Beginn des Zeitalters der elektrischen Armbanduhr sind zwar noch keine ernsthafte historische Dimension, aber: eine heute begonnene Sammlung elektronischer Raritäten kann in noch einmal 30 Jahren eine wesentlich größere Bedeutung bekommen haben. Eine Garantie dafür, daß die Quarzuhr des Kalibers Beta 21 sich im Jahre 2023 einer hohen Wertschätzung erfreut, gibt es jedoch nicht. Eine derart in die Zukunft projizierte Erwartung ist auch nicht jedermanns Sache, sondern eher als Sammelkonzept eines Museums geeignet.

75 Die Swatch Skate Bike aus der Chrono Collection 1990 (links) und eine Swatch Scuba, Black Wafe (rechts).

Über das Sammeln von Swatch Uhren

von Christian Pfeiffer-Belli

1983 erblickte ein sammlerisches Wunderkind das Licht der Welt der Collectionisti: die bunte Plastikuhr Swatch. Durch die japanische Offensive auf dem europäischen Markt war die SMH gezwungen, zu reagieren, und das Ergebnis waren die ersten schwarzen, roten und grünen Plastikuhren mit dem integrierten Plastikband. In den vergangenen zehn Jahren sind nun über 100 Millionen dieser bunten Quarzzeitmesser auf den Markt gekommen und haben verstärkt durch Specials wie »Jelly Fish« (1983), »Velvet Underground« (1985), »Puff« (1988), »Die Chronometer« (1990), »Mimmo Paladino« (1989), »Kiki Picasso« (1985), »Keith Haring« (1986) eine Sammelleidenschaft angefacht, die es auf dem Uhrenmarkt bisher nicht gegeben hatte. Perfektes Marketing, jedes Jahr zwei neue Collectionen wie bei der Mode (Frühjahr/Herbst), ein Swatch Club mit in Deutschland fast dreißigtausend Mitgliedern, weltweit Aktivitäten werblicher Art haben diese Kult-Uhr der achtziger Jahre zu einem Marktsegment anwachsen lassen, das teilweise andere Uhren in ihrer Beliebtheit hintanstehen ließ. Eigene Auktionen, Swatch Sammlertreffs und Swatch Börsen haben ein übriges getan, diese Uhr zum Lieblingskind der jüngeren Generation zu machen. Durch das Erscheinen der Automatic Swatch (Herbst 1991), der Scubas (1990) und der Chronos (1990) sind auch kleine eigenständige Collectionen auf den Markt gekommen, die im Gegensatz zur normalen Swatch momentan interessante Preiszuwächse erleben. Während es bei der gewöhnlichen Swatch fast aussichtslos ist, die komplette Serie in neuwertiger Erhaltung zusammenzubekommen – oder man muß sehr viel Geld dafür aufwenden, denn manche Specials sind durch die Züricher Auktionen auf

über fünfzigtausend Mark hinaufkatapultiert worden –, ist es bei den Scubas, Automatics und Chronos durchaus möglich, diese noch komplett zu erwerben.

Sammler sollten nur ungetragene Uhren kaufen (Batterie entfernen und in der Originalschachtel mit Garantie aufheben), da kein Sammler getragene Swatch Uhren will.

Tips: Swatch Collector's Club, Bad Soden, mit eigener Zeitung und jährlich einer neuen Uhr, die es nur für Mitglieder gibt, diverse Swatch Kataloge im Buchhandel und der jährlich erscheinende Swatch Katalog, den Swatch selber herausgibt.

76   Swatch Chrono-
graph und Swatch Auto-
matik (rechts).

Informationsquellen

Literatur

Der beginnende Uhrensammler ist zunächst einmal daran interessiert, möglichst viele Informationen über die Uhren selbst zu erlangen wie über Gelegenheiten, sie zu erwerben.

Zu ersterem wird auf das Literaturverzeichnis verwiesen, (G) bezeichnet wichtige Grundlagenliteratur. Außerdem gibt es vier spezielle Uhrenzeitschriften für Sammler in Deutschland:

1. »**Uhren – Journal für Sammler klassischer Zeitmesser**« erscheint 6 × jährlich bei Callwey in München und ist hauptsächlich der Uhrengeschichte, der historischen Räderuhr in allen ihren Erscheinungsformen verpflichtet.

2. Das »**Uhrenmagazin**« erscheint 10 × jährlich in Bremen und widmet sich fast ausschließlich den modernen, heute hergestellten Armbanduhren.

3. »**Chronos**« Das Magazin für Uhrenfreunde und Sammler, 6 Hefte im Jahr, Ebner Verlag, Ulm;

4. »**Armbanduhren International**« 4 Hefte im Jahr, Heel Verlag, Königswinter.

Wer sich gleich über spezielle Uhrenfachliteratur in großem Umfang informieren möchte, auch antiquarische, für den gibt es vier wichtige Adressen von Buchhändlern, die sich seit langem auf diese spezialisiert haben:

in Deutschland:	Gisela Gottschalk, Grünewaldstraße 27, 8702 Estenfeld (telefonische Voranmeldung erforderlich)
in Dänemark:	Antiquariat Skafte, DK-4800 Nyköbing, Falster I
in England:	Rita Shenton, 148 Percy Road, Twickenham, TW 2 6 JG
in der Schweiz:	Antoine Simonin, Postfach 118, CH-2006 Neuchâtel

Aber die theoretische Wissensaneignung über Wort und Bild ist eine Sache, die praktische Erfahrung mit dem Objekt eine andere, mindestens ebenso wichtige. Dazu gehört es, möglichst viele Uhren sehen, in die Hand nehmen, öffnen und ihr Inneres betrachten zu können, zu vergleichen, um ein Gefühl für Qualität und Erhaltungszustände zu bekommen, Eigenarten und Fehler zu erkennen.

Der Uhrmacher

Ich rate daher jedem beginnenden Uhrensammler, sich zunächst auf die Suche nach einem Uhrmacher zu begeben, der noch ausreichend Erfahrung mit mechanischen Uhren hat, diese selbst überholt und repariert. Diese Uhrmacher sind immer schwieriger zu finden. Der Quarzuhrenboom hat viele von ihnen zu bloßen Batterie- und Armbandauswechslern gemacht. Viele Uhrenfachgeschäfte nehmen zwar Reparaturaufträge für mechanische Armbanduhren an, geben sie aber weiter an einen im Lohnauftrag stehenden, für den Sammler anonym bleibenden Uhrmacher, der auch für viele andere Geschäfte arbeitet. Diese Uhrenfachgeschäfte – nicht selten die renommiertesten am Ort – sind für den Uhrensammler nicht die richtigen Ansprechpartner, denn für ihn ist der direkte, persönliche Kontakt zum reparierenden Uhrmacher entscheidend.

Mit diesem kann er sich über die Art und Weise einer Restaurierung unterhalten, ihm sollte er beim Öffnen der Uhren und bei vielen anderen Gelegenheiten über die Schulter schauen dürfen, um zu lernen. Ihm kann er eine Armbanduhr, die ihm zum Kauf angeboten wird, zur Begutachtung vorlegen, und von ihm ist ein präzises, unparteiisches Gutachten zu erwarten, und wenn das nur mit ein paar Sätzen geschieht.

Wenn dies alles möglich ist, ist viel erreicht. Aber es kann ein langer Weg sein, um zunächst das Vertrauen eines Uhrmachers zu gewinnen. Es gibt aber keine andere Lösung. Ich gehe so weit zu sagen, daß derjenige, dem es nicht gelingt,

77 Uhrmacher an seinem Werktisch.

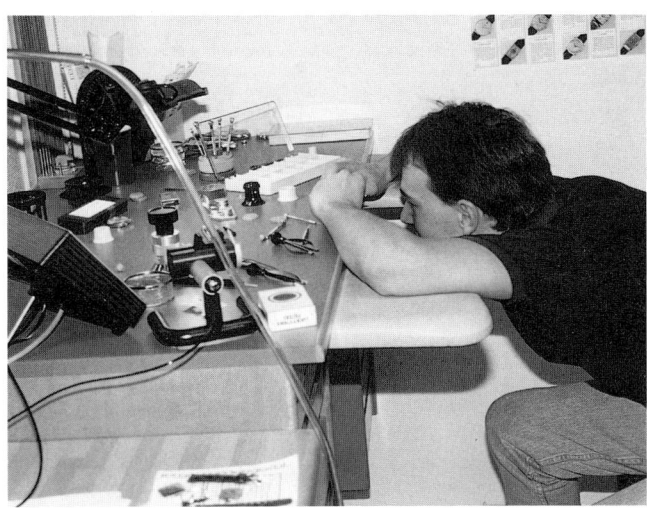

einen erfahrenen Uhrmacher zu finden als Verbündeten, Gleichgesinnten oder sogar als Freund, die Finger vom Uhrensammeln lassen sollte. Denn all die vielen kleinen Tricks und Tips, die der Uhrmacher so nebenbei vermitteln kann oder die man ihm absehen kann, sind praktisch unbezahlbar. Wer einen solchen Uhrmacher nicht kennt, dessen Uhren werden überwiegend in dem zufälligen Zustand bleiben, in dem er sie erworben hat – und das ist meistens nicht der erfreulichste, auf keinen Fall aber der bestmögliche. Und Uhren, die nicht in ihrem optimalen Zustand sind – besonders Armbanduhren, die man gelegentlich tragen möchte – machen auf die Dauer keine Freude.

Wenn man glaubt, einen solchen Uhrmacher gefunden zu haben, so ist zu empfehlen, ihm zunächst einmal eine einfache Uhr zu einer Testreparatur zu überlassen. Wichtig ist, daß dazu auch eine schwierigere Aufgabe gehört, wie zum Beispiel den Abfall an der Ankergabel zu korrigieren, eine defekte Unruhwelle zu ersetzen oder deren Zapfen geradezubiegen, oder eine verbogene Spirale zu richten. Dabei wird man rasch das Interesse und Engagement, mit etwas Übung auch die Grenzen des Könnens des Uhrmachers kennen und einschätzen lernen.

Museen, Ausstellungen, Deutsche Gesellschaft für Chronometrie

Als Informationsorte sehr geeignet sind natürlich Museen; allerdings zeigen bisher nur sehr wenige deutsche Museen Armbanduhren im Rahmen ihrer Uhrensammlungen. Die bedeutendsten sind: das Deutsche Museum in München, das Uhrenmuseum in Furtwangen mit der wohl interessantesten Armbanduhrensammlung und das private Wuppertaler Uhrenmuseum im Hause des Uhrenhändlers Abeler, Wuppertal-Elberfeld.

Über gelegentliche besondere Ausstellungen – wie etwa die Armbanduhren-Dauerausstellung bei Uhren-Sonntag in München, sowie die große Swatch-Schau oder die Ausstellung von Longines-Uhren 1991 im SMH-Laden in München – informieren die erwähnten Fachzeitschriften.

Natürlich sind auch die Auktionskataloge sowie die Kataloge einiger Uhrenhändler und die Uhrenmärkte, von denen noch die Rede sein wird, gute Informationsquellen sowohl über Uhren selbst als auch über Preise. Hier zu nennen wäre auch die »Deutsche Gesellschaft für Chronometrie e. V.« mit Sitz in Stuttgart, in der man auf Antrag Mitglied werden kann für rund 100 DM im Jahr. Die beiden Fachkreise (technisch-wissenschaftlicher und historisch-wissenschaftlicher) halten jährlich zentrale Fachkreisversammlungen und Exkursionen ab. Außerdem finden in verschiedenen Regionen Deutschlands mehrmals jährlich Bezirkstreffen statt, bei denen Vorträge gehalten, mitgebrachte Uhren betrachtet und viele interessante Gespräche mit anderen Sammlern geführt werden können.

Kauforte

Die Gelegenheiten, in Deutschland Sammlerarmbanduhren zu erwerben, sind im Vergleich zu den Nachbarländern außerordentlich zahlreich und gut. Hier spiegelt sich offenbar das in Deutschland besonders große Interesse an alten Uhren wider, denn wo eine Nachfrage ist, da bildet sich auch ein Markt. Der allgemeine Wohlstand in unserem Lande, der neben dem Lebensnotwendigen viel Geld übrig läßt für Hobbies und Luxus, wird eine ebenso große Rolle spielen. Allerdings gibt es auch hier ein spürbares Nord-Süd-Gefälle. Ein deutliches Zeichen dafür ist, daß das am nördlichsten angesiedelte Uhrenspezial-Auktionshaus in Mönchengladbach sitzt, als einsame Ausnahme; und so richtig geht es mit den Uhrenauktionshäusern erst ab dem Frankfurter Breitengrad los.

Der Anfänger wird seine Fühler wohl zuerst auf **Flohmärkten** ausstrecken, weil diese leicht erreichbar sind und man sich da am unverbindlichsten umsehen kann. Obwohl das für ihn ein ziemlich ungeeigneter Ort ist, denn gerade beim Kauf auf Flohmärkten ist man ganz auf sich und seine eigenen Kenntnisse gestellt, da man bei den vielen Gelegenheitshändlern weder eine fachlich einwandfreie und zuverlässige Beratung noch eine Haftung erwarten und letztere schon gar nicht durchsetzen kann.

Das Angebot an Armbanduhren ist wechselnd, es kann auf großstädtischen Flohmärkten ganz interessant sein; hochwertige Ware wird aber kaum angeboten, und die Erhaltungszustände sind oft schlecht. Man sollte auch nicht glauben, hier einmal die große Gelegenheit zu finden, von der wohl jeder Sammler träumt. Etwa die unerkannte Patek Philippe für 500 DM. Denn so viel verstehen die meist fachfremden, aber gewieften Flohmarkthändler von Qualität allemal, daß ihnen das nicht passiert. Außerdem sind die auf Flohmärkten angebotenen Dinge meist schon mehrmals von Experten durchgesiebt worden, und übrig bleibt der Ausschuß. Außerdem ist die Gefahr, auf eine Fälschung oder Mariage hereinzufallen, auf Flohmärkten besonders groß.

Viel bessere Kaufgelegenheiten bieten die in den letzten Jahren in größerer Zahl eingerichteten **Uhrenbörsen** oder Uhrenmärkte, auf denen neben Uhren aller Art auch Werkzeug und Fachliteratur angeboten werden. Da Armbanduhren in der Beliebtheitsskala zur Zeit sehr weit oben stehen, besteht das Angebot auf diesen Märkten auch überwiegend aus Armbanduhren. Die Märkte finden meist mehrmals jährlich statt und zwar inzwischen in vielen Großstädten.

Diejenigen dieser Uhrenmärkte, die inzwischen eine gewisse mehrjährige Kontinuität haben, werden anschließend aufgeführt. Dennoch ist darauf hinzuweisen, daß sie keine absolut beständige Größe sind: Veranstaltungsorte und Kontakttelefonnummern können sich ändern. Die Termine sind den Fachzeitschriften zu entnehmen.

Bremen, Uhrenmarkt, Marriott-Hotel, Info-Tel. (04122) 8633
Düsseldorf, Uhrenbörse im »Malkasten«, Jacobistraße 6, Info-Tel. (0211) 410886
Furtwangen, Antikuhrenmesse im Deutschen Uhrenmuseum, Info-Tel.
(07723) 61400
Hamburg, Uhrenmarkt, Curiohaus, Rothenbaumchaussee, Info-Tel. (04122) 8633
Köln, Uhren- und Schmuckmarkt im Gürzenich, Info-Tel. (0221) 321558
München, Internationale Uhren Technik Börse, Deutsches Museum,
Info-Tel. (08033) 4062
Stuttgart/Bad Cannstatt, Uhrenmarkt »Tempora«, Info-Tel. (089) 641 7180
in der Schweiz:
La Chaux-de-Fonds, Uhrenbörse im Internationalen Uhrenmuseum Zürich,
Internationale Uhrenbörse, Info-Tel. (0041) 65228181

Auf der Verkäuferseite ist auf diesen Uhrenbörsen alles vertreten: vom Hobby-
Sammler, der ein paar überzählige Stücke loswerden möchte, über die Kofferhändler bis hin zu den bekannten Händlern mit festem Ladengeschäft und
gelegentlich sogar ein Auktionshaus. Fast alle der »fliegenden« Händler findet man
auch am Rande der speziellen Uhrenauktionen, so daß sich hier manche Bekannt-
schaft und dauernde Geschäftsbeziehung anknüpfen läßt. Gerade für den beginnenden Sammler sind diese Uhrenmärkte ganz wichtige Orte, um Uhren anzusehen und um ein Gefühl für Qualität und für Preise zu bekommen. Die Händler sind
fast immer sachkundig. Außerdem kann man auf diesen Märkten wunderbar
feilschen, wenn man daran Spaß hat. Kauft man eine Uhr, so sollte man sich für den
Fall eines späteren Regreßanspruches Namen und Anschrift des Verkäufers
notieren. Kauft man auf der Basis Bargeld gegen Ware (cash) ohne Quittung, so
lassen sich meist noch ein paar Mark heraushandeln. In solchen Fällen sollte man
sich die Uhr aber vorher besonders genau ansehen, denn im Nachhinein wird man
keinen Regreß mehr geltend machen können.

Dann gibt es die **Antiquitätenmessen**; außer den drei klassischen in München,
Hannover/Herrenhausen und Köln/Düsseldorf gibt es sie inzwischen an sehr vielen
Orten. Datum und Veranstaltungsort kann man der Regionalpresse entnehmen.
Die meisten dieser Messen werden von Jurys überwacht; sie haben daher ein
hohes Qualitätsniveau. Das der drei großen, klassischen ist ohnehin über jeden
Zweifel erhaben. Diese Messen sind aber überwiegend auf die klassischen Antiqui-
täten ausgerichtet; Sammlerarmbanduhren finden sich dort bisher selten, das
Angebot wird aber zunehmend größer.

Eine klassische Einkaufsquelle ist natürlich der **Fachhandel**. Wenn auch die normalen Antiquitätenhändler nur selten Sammlerarmbanduhren führen, so sind diese
aber bei den meisten der spezialisierten Antikuhrenhändler zu haben. Besonders
in den Großstädten gibt es inzwischen viele auf Armbanduhren spezialisierte
Händler. Sehr informativ sind die Kataloge, die einige dieser Händler herausgeben.

Besonders für beginnende Sammler sind sie eine hervorragende Quelle für Preisvergleiche. Diese Händler, welche Kataloge herausgeben, werden nach dem derzeitigen Kenntnisstand anschließend aufgeführt. Diese Aufzählung bleibt auf Deutschland beschränkt und erhebt keinen Anspruch auf Vollständigkeit.

Bodo Breitsprecher, Östliche 11, 7530 Pforzheim
Robert und Ulrike Ferstl, Enzstraße 2, 7500 Karlsruhe 51
Norbert Schnurr, Berliner Straße 7, 6236 Eschborn

Ein Händler mit festem Ladengeschäft hat für den Sammler gegenüber dem »fliegenden« Händler den Vorteil, daß man ihn jederzeit wieder aufsuchen kann, wenn die gekaufte Uhr etwa einen Mangel aufweist. Der Händler mit festem Ladengeschäft kann also im Rahmen der Gesetze jederzeit für einen Mangel, eine fehlerhaft zugesicherte Eigenschaft oder einen Fehler einer von ihm verkauften Uhr haftbar gemacht werden – und er weiß das natürlich. Manche Händler geben sogar eine zeitlich begrenzte Garantie auf die bei ihnen erworbenen Uhren und bieten einen Reparaturservice an. Die Handelsspanne des Händlers beträgt zwischen 75 und 150%. Damit müssen die Kosten einer Expertise und Restaurierung, des Personals, der Ladenmiete und andere Sachkosten abgedeckt werden; außerdem eine angemessene Verzinsung sowie der Unternehmerlohn des Händlers plus Mehrwertsteuer. Man kauft also im Fachhandel meistens nicht besonders preiswert ein, besonders da Händler häufig auf denselben Auktionen einkaufen wie die Sammler, ihre potentiellen Kunden. Man hat dafür aber den Vorteil einer größeren Sicherheit. Der Sammler moderner, neuzeitlicher Armbanduhren hat natürlich die wesentlich zahlreicheren Uhren- und Schmuckfachgeschäfte zur Verfügung.

Der meines Erachtens beste Ort zum Erwerb von Sammlerarmbanduhren ist die **Auktion**. In Deutschland gibt es viele Auktionshäuser, die allgemeine Kunst- und Antiquitätenauktionen abhalten, auf denen unter anderem auch Uhren jeder Art angeboten werden. Außer diesen gibt es eine Reihe von Auktionshäusern, die auf Uhren spezialisiert sind. Sie werden hier anschließend aufgeführt.

Dr. Helmut Crott, Pontstraße 21, 5100 Aachen
(Auktionen häufig in Frankfurt am Main)
Henry's Auktionen, An der Fohlenweide 12–14, 6704 Mutterstadt
Gisbert A. Joseph, Bahner 80, 4050 Mönchengladbach 2 (Auktionen in Düsseldorf)
P. Michael Kegelmann, Saalgasse 3, 6000 Frankfurt am Main
Peter Klöter, Schloß Dätzingen, 7043 Grafenau 2
Queen's Auktionshaus, Landsberger Straße 146, 8000 München 2
Wolfgang Schmidt, Mehringdamm 117, 1000 Berlin 61
(Auktionen meistens in München).

Weitere spezielle Uhrenauktionshäuser gibt es in der Schweiz, in Italien, Monaco, England und in den USA.

Die beiden jüngsten in Deutschland, Joseph und Henry's, in den achtziger Jahren gegründet, waren von Anfang an auf Armbanduhren spezialisiert und haben im Laufe der Zeit andere Uhrenarten in ihr Angebot aufgenommen, während umgekehrt die älteren Häuser ihr Angebot allmählich auf Armbanduhren ausgedehnt haben.

Das Gute an der Auktion ist die Durchsichtigkeit der Kaufpreisentstehung. Im Katalog steht der Ausrufpreis, mit dem der Auktionator die Versteigerung eines Stückes beginnt: es »ausruft«. Durch Gebote und Übergebote der Interessenten entsteht schließlich ein nicht mehr überbotener Preis, zu dem der Zuschlag an den Meistbietenden erteilt wird. Und zu diesem Zuschlagpreis werden die allen Beteiligten von vornherein bekannten Nebenkosten addiert: als Verdienst des Auktionators das Aufgeld in einer Höhe von 15–20% des Zuschlags sowie als Verdienst des Staates die Mehrwertsteuer.

Alles ist einfach und durchschaubar. – Daß es natürlich nicht ganz so einfach ist, werden wir später noch sehen. Der Auktionator hat auch die nicht ganz einfache Aufgabe des Mittlers zwischen den divergierenden Interessen des Einlieferers, der an einem möglichst hohen Zuschlagpreis interessiert ist, und andererseits dem des Ersteigerers, für den ein niedriger Zuschlag besser ist. Der mit seinem Aufgeld am Zuschlagpreis prozentual beteiligte Auktionator ist eigentlich der natürliche Verbündete des Einlieferers. Er muß aber andererseits berücksichtigen, daß ihm die Bieter ausbleiben, wenn seine Ausrufpreise zu hoch werden.

Im Bereich dieser divergierenden Interessen gibt es auch Manipulationsmöglichkeiten, die man kennen sollte. Möglichst niedrige Zuschläge versucht man oft dadurch zu erreichen, daß ein Bieter einen oder mehrere andere Interessenten durch Zahlung einer Abstandssumme vom Mitbieten abhält, oder daß eine Gruppe von Bietern sich untereinander abspricht, daß nur jeweils einer von ihnen bei bestimmten Stücken bietet. Ein solches Abhalten anderer vom Mitbieten ist strafbar; es ist sittenwidrig nach § 826 BGB und außerdem schadenersatzpflichtig. Möglichst hohe Zuschläge können Einlieferer und Auktionator durch die Festsetzung eines hohen Limits bzw. Ausrufpreises zu steuern suchen. Was aber, wenn wegen zu hoher Limits die Bieter wegbleiben? Dann können Scheingebote helfen. Über Scheingebote ist ein aufschlußreicher Artikel aus der Antiquitätenzeitung in »Alte Uhren« (jetzt: »Uhren – Journal für Sammler klassischer Zeitmesser«) Heft 3/1991 abgedruckt worden, der hier auszugsweise wiedergegeben werden soll.

»... Scheingebote gehören zu den scheinbar unverzichtbaren Kunstgriffen mancher Auktionatoren. Ist ein Limit zu hoch angesetzt und will der Versteigerer dies nicht bekanntgeben, erfolgt der Aufruf weit darunter. Erreicht dann das Bietniveau diesen Mindestpreis ohne weiteres Eingreifen des Versteigerers, kann er sich freuen und der Einlieferer mit ihm. Manchmal läuft es im Saal aber nicht nach den Wünschen des Auktionators, und der muß etwas nachhelfen. Am einfachsten läßt sich das durch den Hinweis auf ein schriftliches Gebot ›am Tisch‹ bewerkstelligen, das das Saalpublikum überbieten müßte, um das angebotene

Kunstwerk zu ergattern. Klappt es im Saal mit den Gegengeboten aber nicht, so ist der Auktionator gezwungen, das Objekt dem angeblichen schriftlichen Bieter zuzuschlagen. Man hat schon mehrmals auf den schlechten Geschmack von solchen Tisch-Bietern hingewiesen, denn sie scheinen nur die Gegenstände zu kaufen, die im Saal zu einem vernünftigen Preis nicht weggehen.

Um eine Häufung der unehrlichen Tischgebote zu vermeiden, greift der Auktionator hin und wieder zu einer anderen Methode. In der Fachsprache der Versteigerer heißt diese Praxis »Gebote von der Wand nehmen«. In der vornehmen Londoner Zentrale von Christie's gibt man sich mit einer einfachen Wand nicht ab. Dort nimmt man die Gebote vom Kristallüster an. Auch hierzulande soll es vorkommen, daß ein Auktionator Teile der Raumausstattung oder der Möblierung mitbieten läßt. Er nimmt somit Gebote von Saalbietern an, die es gar nicht gibt. Diese engagieren sich teilweise recht häufig, zu einem Zuschlag kommen sie aber nur aus Versehen.

Wie bei jedem Glücksspiel muß man nämlich wissen, wann man aufhören soll. So kommt es manchmal vor, daß der Auktionator plötzlich ohne leibhaftige Gegenbieter dasteht und das heiß umkämpfte Objekt dem nicht vorhandenen Scheinbieter zuschlagen muß: »verkauft an den Gentleman da hinten«, heißt es dann professionell. Ist der Auktionator geschickt, merkt er sich den Unterbieter, und wenn er ihn für schweigsam und diskret hält, erklärt er ihm nach der Versteigerung, daß es vorhin zu einem bedauerlichen Mißverständnis gekommen sei und fragt, ob er, der Unterbieter, doch noch Interesse hätte, das Kunstwerk zum vorletzten Gebot zu erwerben...«

Die meisten der zahlreichen Tricks (dies waren nur einige Beispiele) wird der bei einer Auktion anwesende, beginnende Sammler nicht sogleich durchschauen; andererseits sind sie auch nicht allzu häufig. Das Marktgeschehen auf Auktionen bleibt dennoch relativ transparent.

Wenn man sich entschließt, einmal eine Uhrenauktion zu besuchen, sollte man sich zunächst den Katalog bestellen, der je nach Auktionshaus zwischen 15 und 40 DM kosten kann. Hier lohnt es, nach dem Betrachten der abgebildeten Uhren und ihrer Limits und bevor man zur Auktion fährt, um vielleicht sogar mitzubieten, einen Blick in die Allgemeinen Versteigerungsbedingungen, das »Kleingedruckte« zu werfen, um festzustellen, wer im Fall eines Zuschlags sein Vertragspartner wird. Dafür gibt es drei Möglichkeiten: 1. der Einlieferer, 2. der Auktionator persönlich oder 3. der Auktionator als Kommissär.

Im ersten Fall erfolgt die Versteigerung – aus der Sicht des Auktionators – im fremden Namen für fremde Rechnung, nämlich die des Einlieferers. Im zweiten Fall im eigenen (des Auktionators) Namen und im dritten Fall im eigenen Namen, aber für fremde Rechnung. Welcher Fall vorliegt, muß im Katalog bei jedem einzelnen Stück deutlich gemacht werden.

Im ersten Fall ist der Auktionator als Handelsmakler tätig, er versteigert Agenturware. Bei diesen Stücken erfolgt im Katalog keine Kennzeichnung, und der Auktionator kann die Mehrwertsteuer nur auf sein Aufgeld erheben.

Im zweiten und dritten Fall, wenn der Auktionator also Kommissionsware auf eigene oder fremde Rechnung versteigert, wird das Stück im Katalog meist mit einem Stern gekennzeichnet. In diesen Fällen ist die Mehrwertsteuer auf den Kaufpreis (Zuschlagpreis plus Aufgeld) zu erheben. Sie beträgt normalerweise 14% und 7% bei Sammlungsstücken und Kunstgegenständen. Sammlerarmbanduhren sind im Normalfall weder das eine noch das andere und unterliegen daher dem vollen Steuersatz. Das gilt auch für die wenigen Armbanduhren, die älter als 100 Jahre sind und daher als Antiquitäten gelten.

Nur sehr selten wird einmal eines dieser Stücke als Sammlungsstück anerkannt werden und damit in den Genuß des ermäßigten Mehrwertsteuersatzes kommen. Das liegt daran, daß die Definition eines Sammlungsstückes von geschichtlichem Wert, nämlich

»eines Gegenstandes, der geeignet ist, in eine nach wissenschaftlichen Grundsätzen aufgebaute öffentliche Sammlung aufgenommen zu werden«,

in den letzten Jahren von den Finanzbehörden schrittweise immer strenger bzw. enger ausgelegt worden ist, so daß inzwischen nur noch absolut museale, einmalige Stücke die Chance einer solchen Anerkennung haben.

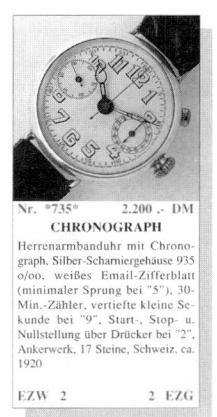

78 Auszug aus einem Katalog des Auktionshauses Joseph, Mönchengladbach.

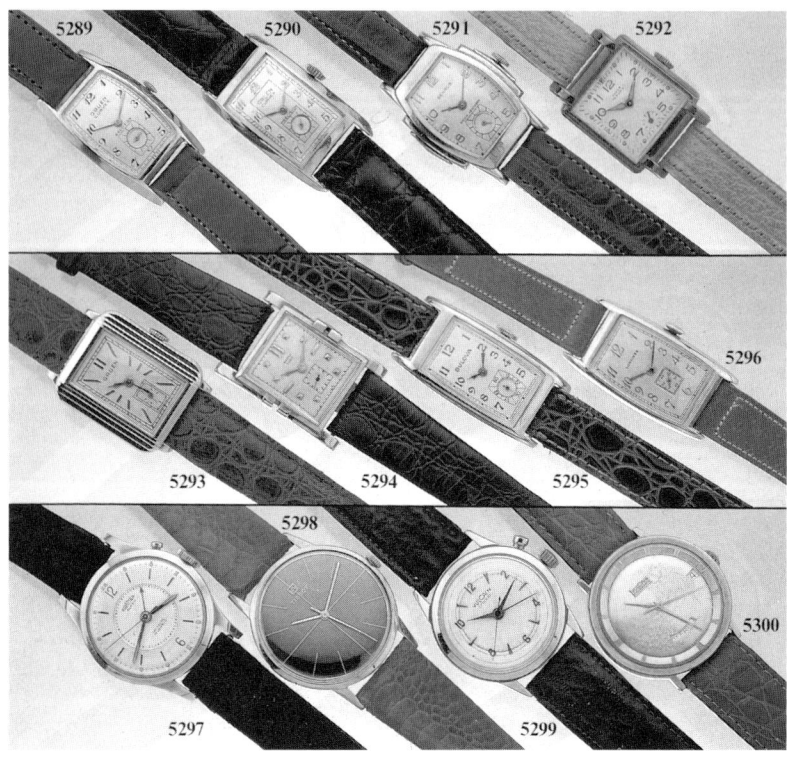

10 05289   **540.– DM**
Herrenarmbanduhr Gruen Curvex Precision,
goldfilled, gezogene in sich gewölbte Tonnenform,
Boden gedr., Blatt perfekt rest., 17 St., Ankerformwerk,
Handaufzug, Kal. 440, monomet. Schr.-Unr., Breg.-
Spir., kl. Sek. vertieft, Werk der gewölbten Geh.-
bodenform konkav angepaßt, Schweiz/USA um 1939,
Geh.-L. ca. 40 mm, neutrales Lederband, EZ 2

10 05290   **1100.– DM**
Herrenarmbanduhr Gruen Curvex Precision, GG
585/000-Geh., gezogene in sich gewölbte Tankform,
Boden gedr., Blatt perfekt rest. Blatt perf.
rest., 17 St., Ankerformwerk, Handaufzug, Kal. 440,
monom. Schr.-Unr., Breg.-Spir., kl. Sek. vertieft, Werk
der gewölbten Geh.-bodenform konkav angepaßt,
Schweiz/USA um 1946, neutrales Lacklederband,
EZ 2

10 05291   **330.– DM**
Herrenarmbanduhr Benrus, Rose-G-plated-Geh.,
gedr. Edelstahlboden, gezogene in sich gewölbte
Tonnenform, Lünette seitl. gestuft, Orig.-Blatt perfekt
rest., kl. vertiefte Sek., 15 St., Kal. 900, Handaufzug,
monomet. Schr.-Unr., Flachspir., frühe Stoßsicherung,
Schweiz um 1938 (ETA), neutrales Lederband, EZ 2-3

10 05292   **o. L.**
Konvolut 2 Herrenarmbanduhren, beide bez.
Anker, 40er Jahre, Metallgeh. verg., gedr. Edelstahl-
böden, beide Ankerformwerke, 15 St., Handaufzug,
wohl alte Lagerbestände, Reinigung empfohlen, neutrale
Lederbänder, EZ 1-2

10 05293   **420.– DM**
Herrenarmbanduhr Gruen, goldfilled,
Karree-Arrondee-Form, seitl. gestuft, Boden gedr.,

perfekt rest. Blatt, 17 St., Handaufzug Ankerrundwerk,
Conoruma-Unr., Flachspir., kl. Sek., Schweiz/USA um
1946, EZ 2

10 05294   **850.– DM**
Herrenarmbanduhr Mathey Tissot, GG 585/000,
aufwendige Rectangulaireform, Konkavglas, Krone
zum Schutz seitl. eingelassen, Boden gedr., orig.-Zeiger
und -Zifferbl. altersbedingt fleckig, Ankerformwerk,
Kal. 6, monomet. Schr.-Unr., Flachspir., frühe Stoß-,
Steinlager in gepreßten Chatons, Gangrad 4-fach
gelagert, Echappement lateral, kl. dir. Sek., Schweiz
um 1948, neutrales Lederband, EZ 2

10 05295   **420.– DM**
Herrenarmbanduhr Bulova, goldfilled,
gezogene in sich gewölbte Tonnenform, Konkavglas,
Boden gedr., Blatt rest., 17 St., Ankerformwerk, Kal. 7
AP, monomet. Schr.-Unr., Breg.-Spir., kl. Sek. vertieft,
Geh.-boden mit Besitzergravur, USA um 1938,
Geh.-L. ca. 43 mm, neutrales Lederband, EZW 2,
EZG 2-3

10 05296   **520.– DM**
Herrenarmbanduhr Longines, goldfilled
gezogene in sich gewölbte Tonnenform, Mineralglas,
Blatt rest., 17 St., Ankerformwerk, Kal. 9 L (25.17),
Steinlager teils in gepreßten Chatons, monbl. kl. Sek.,
bim. geschl. Komp. Unr., geblaute Breg.-Spir., Schweiz/
USA um 1942, neutrales Lederband, Geh.-L.
ca. 42 mm, EZ 2

10 05297   **360.– DM**
Herrenarmbanduhr Roamer Alarm, m. Weckfkt.,
Metallgeh. hartverg., gedr. Edelstahlboden, Orig.-Blatt
und -Zeiger, 17 St., Handaufzug, Geh- und Weckwerk
über eine Krone wechselseitig zu bedienen, MST-Kal.

417, Schr.-Gluc.-Unr., Flachspir., Incabloc, Steinlager
in gepreßten Chatons, dir. Zentralsek., Schweiz um
1958, neutrales Velourlederband, EZ 2

10 05298   **450.– DM**
Konvolut 2 Herrenarmbanduhren, 1x Tissot,
Metallgeh. rotverg., gedr. Edelstahlboden, Blatt perf.
rest., 17 St., Handaufzug, Kal. 783, autokomp. Schr.-
rest., 17 St., Handaufzug, Kal. 783, autokomp. Schr.-
Spir., Mini-Incabloc, Exzenterfeinregulage, Schweiz
um 1960, neutrales Lederband, EZ 2, 1x Eterna Matic,
Metallgeh. verg., verschr. Edelstahlboden, ab Herst.
wassergeschützt, perf. rest. Blatt, 24 St., Rotor kugel-
gelagert beids. wirks., Kal. 1414, Schr.-Gluc.-Unr.,
stoßgcs., Schweiz um 1962, neutrales Lederband, EZ 2

10 05299   **1100.– DM**
Herrenarmbanduhr Vulcain Cricket, GG 585/000-
Geh., Boden gedr., Orig.-Blatt u. Zeiger leicht fleckig,
Weckbereitschaft durch Drücker bei 2, 17 St., Handaufzug, Geh- u. Weckwerk getr. Federhäuser über
1 Krone mittels Wechsler zu bedienen, Kal. 120,
monom. Schr.-Unr., Flachspir., Schweiz um 1958,
neutrales Lederband, EZ 2-3

10 05300   **o. L.**
Herrenarmbanduhr Vulcain, Modell Calendate,
Metallgeh. hartverg., verschr. Edelstahlboden, ab
Herst. wassergeschützt, Tages- u. Datumanzeige
(interessante Anordnung), geteiltes Zifferbl. (guill. u.
verg.), 21 St., Rotoraufzug beids. wirks.,
Felsa Kal. 4008, autokomp. Unr. u. Spir., Incabloc,
Schweiz um 1962, neutrales Lederband, EZW 2-3

79 Auszug aus einem Katalog des Auktionshauses Henry's, Mutterstadt.

Die meisten Auktionatoren erheben bei Agenturware zur Vereinfachung ein Aufgeld, in dem die Mehrwertsteuer bereits enthalten ist. Händler erhalten bei den meisten Auktionshäusern Sonderkonditionen in Form eines um 3 bis 5% ermäßigten Aufgeldes.

Die bereits aufgeführten Uhrenauktionshäuser erheben für Käufer folgende Aufgelder:

Auktionshaus	Aufgeld für: Agenturware	Kommissionsware
Dr. H. Crott, Aachen	20% incl. MWSt	15% plus MWSt
Henry's, Mutterstadt	16% (18,24%)	
Joseph, Mönchengladbach	20% incl. MWSt	15% plus MWSt
Kegelmann, Frankfurt	20% incl. MWSt	15% plus MWSt
Klöter, Schloß Dätzingen	20% incl. MWSt	15% plus MWSt
Queen's, München	15% (17,1%)	
Schmidt, Berlin	20% incl. MWSt	18% plus MWSt

( ) = endgültiger Prozentsatz, bestehend aus Aufgeld plus 14% MWSt aus dem Aufgeld.

Man sieht, daß die Unterschiede zwischen den einzelnen Auktionshäusern nicht sehr groß sind. Diese haben ihre Konditionen in den letzten Jahren immer mehr einander angeglichen.

Sehr unterschiedlich ist dagegen bei allen Auktionshäusern das Verhältnis zwischen Agentur- und Kommissionsware. Wie unterschiedlich die Endpreise in den verschiedenen Fällen sein können, zeigt ein Beispiel auf der Basis eines Zuschlagpreises von 1000 DM:

1. Agenturware   = 16% Aufgeld + 14% MWSt aus Aufgeld: 1182,40 DM
2. Agenturware   = 20% Aufgeld   incl. MWSt: 1200,00 DM
3. Kommissionsware = 15% Aufgeld + 7% MWSt: 1230,50 DM
4. Kommissionsware = 15% Aufgeld + 14% MWSt: 1311,00 DM

Sehen die Unterschiede in dieser Beispielrechnung noch relativ harmlos aus, so betragen sie bei einem Zuschlagvolumen von 10000 DM schon maximal (zwischen Fall 1 und 4) 1286 DM.

Wenn man sich also für eine Uhr interessiert und sie ersteigern möchte, so sollte man immer erst prüfen, welcher Fall vorliegt. Denn danach richtet sich zum einen, wer im Regreßfall zu belangen und notfalls zu verklagen ist; zum anderen richtet sich danach die Höhe der Nebenkosten, die im ungünstigsten Fall fast ein Drittel des Zuschlags betragen können. Noch teurer kann es werden, wenn man ein Stück im Ausland ersteigert und zollehrlich ist; es also offiziell einführt. Doch davon an anderer Stelle.

Für die meisten ist der Besuch einer Auktion mit einer längeren Reise verbunden. Wem diese Reise zu weit und zu beschwerlich ist, der kann auch ohne persönliche Anwesenheit an der Auktion teilnehmen, indem er ein schriftliches Gebot abgibt, oder die telefonische Teilnahme mit dem Auktionshaus vereinbart. Diese beiden Formen der nicht persönlichen Auktionsteilnahme haben in den letzten beiden Jahren sehr stark zugenommen und den Umsatz der Auktionshäuser stark erhöht: Inzwischen gibt es keinen Auktionskatalog mehr, dem nicht ein Formular für schriftliche Bieter beiliegt. Wenn man einmal bei einer Auktion anwesend ist, merkt man sehr schnell, daß die schriftlichen Gebote bei den meisten Auktionen weit in der Überzahl sind gegenüber den mündlich im Saal abgegebenen.

Mit einem schriftlichen Gebot ermächtigt man den Auktionator, ein Lot (die unter einer Nummer im Katalog beschriebene[n] Uhr[en]) zu den angegebenen Bedingungen in Vertretung des Bieters zu ersteigern. Der schriftliche Bieter muß sich allerdings vorher auf ein maximales Gebot festlegen, an das der Auktionator gebunden ist. Es ist also für einen auf der Auktion persönlich anwesenden Mitbieter ein Leichtes, ein schriftliches Gebot zu überbieten, wenn er will. Gibt es für ein Lot mehrere Interessenten im Saal, so ist der schriftliche Bieter praktisch chancenlos, da er nicht flexibel reagieren kann. Er muß vielmehr Tage oder Wochen im voraus und unabhängig vom Auktionsverlauf über die Höhe seines Gebotes entscheiden. Um eine gewisse, aber geringe Flexibilität zu haben, kann man auf den Gebotsformularen einiger Auktionshäuser einen Passus ankreuzen, mit dem der Auktionator ermächtigt wird, bei Bedarf, also wenn Gegenbieter vorhanden sind, das schriftliche Höchstgebot um 10% zu überschreiten. Das hilft aber nicht grundsätzlich aus dem Dilemma.

Der telefonische Bieter kann dagegen ebenso flexibel auf das Auktionsgeschehen reagieren wie der persönlich Anwesende. Denn er wird auf seinen Antrag hin vom Auktionshaus angerufen, sobald das von ihm gewünschte Lot aufgerufen wird, und er ist dann durch die Person des Anrufers und deren Erklärungen direkt mit dem Verlauf der Auktion verbunden. Da der telefonische Bieter auf die Gebote im Saal sofort durch ein eigenes Gebot reagieren kann, ist – rechtlich gesehen – anders als beim schriftlichen Gebot der Auktionator nicht der Vertreter des Bieters.

Beide, der schriftliche wie der telefonische Bieter, haben aber den Nachteil, daß sie die Objekte ihres Interesses nicht persönlich in Augenschein nehmen können – ausgenommen den Fall, daß jemand bei der Vorbesichtigung zwar anwesend sein kann, bei der Auktion aber verhindert ist. Diesem Ersteigern ohne Besichtigung haftet daher ein erhebliches Risiko an; das Risiko nämlich, daß man im Katalog nicht verzeichnete Mängel oder Fehler, Eigenheiten, Ungereimtheiten oder Mariagen nicht kennt und daher nicht berücksichtigen kann. Um dieses Risiko zu vermindern, sind einige Auktionatoren inzwischen dazu übergegangen, ihre Lots mit Zustandsbeurteilungen in Form einer Zahl zu versehen, und zwar differenziert in Werk und Gehäuse. Diese Bezeichnungen reichen von 0−1:

neuwertig bis nahezu neuwertig, über 4: erhebliche Beanstandungen / ausreichende Erhaltung bis hin zu 5: kaum mehr reparabel – also Schrott. Wesentlich vornehmer, aber nicht ganz so variations- und umfangreich sind die bei dem Genfer Auktionshaus »Antiquorum« üblichen verbalen Zustandsbezeichnungen »in mint / excellent / very good / good condition«. »Good condition« bzw. »guter Zustand« ist also das Schlechteste, was es dort gibt!

Hat man ein- oder zweimal bei einem dieser Auktionshäuser etwas ersteigert, so kennt man, vielleicht durch eine negative Erfahrung, dessen Beurteilungsmaßstäbe und -qualität, denn trotz aller differenzierter Zahlen bleibt eine solche Beurteilung immer subjektiv. Danach kann man das Risiko, von fern ein Stück in schlechtem Zustand zu ersteigern, erheblich verringern. Da diese Zustandsbeurteilungen aber nur auf den Erhaltungszustand abstellen, empfiehlt es sich, schriftlich bzw. telefonisch nur auf solche Uhren zu bieten, die aufgrund der Katalogbeschreibung eindeutig identifizierbare und bekannte, in der Literatur nachzuschlagende Modelle sind, Modelle, die man kennt, wenn man einmal eines davon in der Hand hatte.

Außergewöhnliche, einmalige und nicht ohne weiteres einzuordnende Uhren muß man dagegen in der Hand gehabt haben, um die Entscheidung, auf sie zu bieten oder nicht, fällen zu können. Diese Fernbieterei bevorzugt daher die neueren, genormten und weithin bekannten Massenuhren und nicht die individuellen Einzelstücke – und das ist gut so. Denn auf diese Weise bleibt für den Auktionsbesucher eine Nische individueller Betätigung und Beurteilung, die innerhalb des Getriebes einer modernen, umsatzorientierten Großauktion nicht zu ersetzen ist durch mediengerechte Aufbereitung.

Am Rande sei erwähnt, daß das eine oder andere Auktionshaus an ganz gute Kunden mitunter auch ein Stück dessen besonderen Interesses vor der Auktion mit der Post zur Besichtigung zusendet. Aber das sind sehr seltene Ausnahmefälle, von denen vor allem der Einlieferer nichts wissen darf, und wobei der Auktionator das Risiko eingeht, daß das Stück zum offiziellen Besichtigungstermin noch nicht zurück ist.

Aber nicht nur für den, der eine Sammlerarmbanduhr erwerben möchte, ist die Spezialauktion ein guter Ort, sondern auch für denjenigen Sammler, der sich von dem einen oder anderen Stück trennen möchte, das nicht mehr in die Sammlung paßt. Denn die Klarheit und Durchsichtigkeit der Preisfindung hat natürlich auch für den Einlieferer ihre Vorzüge.

Hat man sich ein Auktionshaus ausgesucht, dem man seine Uhren übergeben möchte – das kann das nächstgelegene sein; vielleicht auch eines, das spezialisiert ist auf die abzugebenden Stücke – so ist unbedingt anzuraten, einen schriftlichen Versteigerungsvertrag abzuschließen. Seriöse Auktionshäuser haben dafür fertige Vordrucke parat und bieten sie von sich aus für einen Abschluß an, da sie anders die große Zahl der Objekte gar nicht geordnet bewältigen könnten.

Der schriftliche Versteigerungsvertrag muß, außer den Personalien des Einlieferers, die Allgemeinen Versteigerungsbedingungen enthalten, eine genaue Beschreibung der Stücke sowie den mit dem Auktionator abgesprochenen Mindestpreis (Limit). Außerdem muß der Vertrag klar und abschließend die Nebenkosten des Einlieferers auflisten. Das ist zunächst das Aufgeld, dessen prozentuale Höhe etwa dem entspricht, das auch der Käufer zu entrichten hat. Außerdem können gesonderte Kosten für Katalogabbildungen und Versicherung erhoben werden. Bei den letzteren sollte man aufpassen, daß keine überhöhten Preise gefordert werden. Für Katalogabbildungen fordern nur wenige Häuser eine Extrahonorierung. Etwa 30 bis 80 DM pro Abbildung sind angemessen, je nachdem, ob es sich um eine Schwarzweiß- oder eine Farbabbildung handelt. Eine Beteiligung an den Versicherungskosten verlangen die meisten Auktionshäuser. Normal ist eine Pauschale von 0,4 bis 1% des Limits. Ganz wenige Auktionshäuser berechnen darüber hinaus eine Gebühr für die Katalogbearbeitung oder gar ein Zeilenhonorar für den Katalogtext. Solche übertriebenen Gebühren sollte man erst einmal verweigern mit dem Hinweis darauf, daß sie durch das Aufgeld wie üblich pauschal abgegolten sein müßten. Bei Auktionshäusern, die ein geringeres Aufgeld erheben als allgemein üblich, sollte man solche Extragebühren allerdings akzeptieren.

Es kann auch passieren, daß ein Auktionator eine Rückgangsgebühr erhebt. Das ist ein (zu vereinbarender) Betrag, der fällig wird, wenn eine Uhr nicht versteigert wurde, weil der Einlieferer ein aus der Sicht des Auktionators unangemessen hohes Limit gesetzt hat. Einem solchen Kostenrisiko kann man durch Vereinbarung des Limits mit dem Auktionator entgehen.

Meistens läßt sich der Auktionator schriftlich das Recht einräumen, nicht versteigerte Stücke im Nachverkauf freihändig zum Limit verkaufen zu dürfen, wogegen nichts einzuwenden ist. Man sollte aber den Zeitraum dieses Nachverkaufs fixieren (etwa zwei Monate).

Ob man bei einem Verkauf über eine Auktion finanziell auf seine Kosten kommt, also wenigstens den eigenen Einkaufspreis – und vielleicht noch etwas darüber hinaus – erzielt, das hängt entscheidend von der Höhe des eigenen Einkaufspreises ab. Hat man das Stück selbst einmal auf einer Auktion ersteigert, so wird man kaum auf seine Kosten kommen, denn zum damaligen Zuschlagpreis ist einmal das damalige Aufgeld plus Mehrwertsteuer zu addieren sowie das jetzige neue Aufgeld, das man als Einlieferer zu zahlen hat. Hat man zum Beispiel das Stück damals für einen Zuschlag von 1000 DM ersteigert, so kam hinzu ein Aufgeld von ca. 20% (bei Agenturware); das Stück hat also 1200 DM gekostet. Jetzt müßte man daher einen Mindestzuschlag von 1430 DM erzielen, um abzüglich der 16% Einlieferer-Aufgeld die selbst bezahlten 1200 DM wieder hereinzubekommen. War das Stück damals Kommissionsware, so käme man erst bei einem Zuschlag von 1560 DM auf seine Kosten von damals 1311 DM. Weitere Nebenkosten kämen noch hinzu. Solche Preissteigerungen von bis zu 60% lassen sich nur bei wenigen, sehr stark in der Käufergunst wie im Preis gestiegenen Modellen und Marken oder bei einem damals sehr günstigen Einkauf realisieren. Hier wird es jeweils auf den Einzelfall ankommen.

80   Auszug aus einem
Katalog des Auktionshauses Antiquorum, Genf.

170   171   172

☐ 170
Rolex Oyster Perpetual "Empire", 1940 's.

**Very fine self winding, 18ct pink gold gentleman's
wristwatch.**
C. massive, polished, screwed back and crown,
waterproof. **D.** black with painted Arabic numerals and
indexes + auxiliary seconds dial. "Bâton" gold hands.
M. 9 3/4 ''' rhodiumed, 19 jewels, lever escapement,
Superbalance balance adjusted to 6 positions, selfcompensating Breguet balance-spring. Dial, case and
movement signed.
In very good condition.
Diam. 32 mm.

Estimate: SFr.   14'000-16'000

A similar watch is published in Orologi da Polso Rolex,
page 158.

☐ 171
**Rolex Perpetual Officially Certified Chronometer,
No. 476, made for the French Market, 1950 's.**

**Fine square center second, self winding
gentleman's wristwatch.**
C. French, massive, polished, satined, graduated bezel,
conical lugs. **D.** mat silver with applied gold indexes and
painted Arabic numerals. "Feuille" blued steel hands.
M. 9 3/4 ''', rhodiumed, 17 jewels, lever escapement,

Superbalance balance adjusted to 6 positions, selfcompensating Breguet balance-spring. Dial, case and
movement signed.
In very good condition.
Dim. 30 x 30 mm.

Estimate: SFr.   8'000-10'000

☐ 172
**Rolex Oyster Perpetual Chronometer, "Rigid
Hooded", Ref. 3065, produced in circa 1000
examples from 1939 to 1950.**

**Fine tonneau shaped, center second, self winding,
18ct pink gold gentleman's wristwatch.**
C. massive, polished, satined, hooded lugs, screwed
back, waterproof. **D.** black with radiumed Arabic
numerals. "Bâton" radiumed hands. **M.** 9 3/4 ''',
rhodiumed, 17 jewels, lever escapement, Superbalance
balance, self-compensating Breguet balance-spring.
Dial, case and movement signed.
In very good condition.
Diam. 32 mm.

Estimate: SFr.   14'000-16'000

A similar watch is published in Orologi da Polso Rolex,
page 154.

Früher war es üblich und gehörte zum guten Ton, daß ein Auktionshaus nach der Auktion eine Ergebnisliste herstellte und an seine Kunden versandte.
Heute tun dies leider nur noch zwei der speziellen Uhrenauktionshäuser: Henry's
in Mutterstadt und Joseph in Mönchengladbach.

Hier noch einmal das Wichtigste in Kurzform.

● Die günstigsten Kauforte für Sammlerarmbanduhren mit dem umfangreichsten
Angebot sind derzeit die Uhrenbörsen und die speziellen Uhrenauktionen.

● Schon wegen der Termine dieser Börsen und Auktionen lohnt es sich, eine
Zeitschrift wie »Uhren« zu abonnieren.

● Bei einer Auktion, die man persönlich nicht aufsuchen kann, ist – wenn möglich –
das telefonische Mitbieten dem schriftlichen Gebot unbedingt vorzuziehen, da
die Chance, einen Zuschlag zu erhalten, ungleich viel höher ist.

● Bei einem Verkauf über eine Auktion besonders auf die Nebenkosten achten.

● Will man eine auf einer Auktion erworbene Uhr wieder über eine Auktion
verkaufen, so muß man sich darüber klar sein, daß man sehr wahrscheinlich
seine Kosten nicht wieder hereinbekommt.

Preise

Der Leser wird in einem Buch wie diesem auch Preisangaben oder zumindest Preistendenzen erwarten; also Angaben darüber, wieviel alte Armbanduhren kosten dürfen oder können. Dieses Thema birgt aber seine Schwierigkeiten.

Auf dem Markt für alte Uhren ist es so, daß Preise und Preistrends auf den Auktionen der großen Auktionshäuser gemacht werden. Sie können zum einen für das gleiche Stück erheblich schwanken, und sie können schnell eine ganz andere Richtung einnehmen, ohne daß das vorhersehbar gewesen wäre. Denn solche Trends laufen in aller Regel nicht logisch ab und sind daher auch nicht logisch nachvollziehbar oder erklärbar.

Preisschwankungen können sich ergeben aus dem Erhaltungszustand einer Uhr, aus der allgemeinen Nachfrage nach einer Marke oder einem Modell, wobei außer der Beliebtheit auch die Seltenheit eine wichtige Rolle spielt, und aus der aktuellen Nachfrage im Augenblick der Auktion. Ein Stück kann auf einer Auktion bei nur einem Interessenten einen moderaten Preis erzielen, nämlich den des Limits oder sogar darunter, und wenn auf einer anderen Auktion zwei oder drei Interessenten da sind, kann das gleiche Stück den doppelten bis dreifachen Preis erzielen, weil die Bieter in dem Wunsch, den Zuschlag zu erhalten, sich gegenseitig hochbieten.

Wenn man nun in einer Preisrichtlinie vorsichtshalber sagen würde, etwa ein Junghans-Armbandchronometer mit dem Werkskaliber J 82 im Stahlgehäuse kann je nach Erhaltungszustand, Höhe der Werknummer oder Modell (mit kleiner oder Zentralsekunde, dieselbe anhaltbar oder nicht) zwischen 500 und 1500 DM kosten, so hat wegen der großen Spanne kaum jemand etwas davon. Oder wenn man den Mittelwert angibt, also im Mittel 1000 DM für das eben erwähnte Junghans-Modell, so ist das aus dem gleichen Grund auch nicht hilfreicher. Einige Beispiele sollen solche Preisschwankungen illustrieren. Es handelt sich um Auktions-Endpreise (aufgerundet) aus dem Zeitraum 1991 bis Mitte 1992.

1. Movado, Stahlgehäuse rechteckig, Kaliber 440 (zwei Tage
   Gangdauer), originales versilbertes Zifferblatt   1 200, — DM
   das gleiche Modell, schwarzes Zifferblatt (rest.)   1 700, — DM

2. Rolex Oyster Chronometer (Bubble Back), Stahlgehäuse,
   Ref. 2940, Zustand 2   2 800, — DM
   gleiches Modell, gleicher Zustand   5 100, — DM

3. Rolex Oyster Chronometer (Bubble Back), 14 K-Goldge-
   häuse, Zustand 1–2   6 900, — DM
   gleiches Modell, restauriertes Zifferblatt, Zustand 2   13 500, — DM

4. IWC, rechteckiges 14 K-Goldgehäuse, Kaliber 87, Ziffer-
   blatt aufgearbeitet, Zustand 1–2   2 900, — DM
   gleiches Modell   3 900, — DM

5. IWC, Militäruhr »Mark XI«, Stahlgehäuse, Kaliber 89   2 100, — DM
   gleiches Modell, gleicher Zustand   3 600, — DM

6. IWC »Ingenieur«, Stahlgehäuse, Zustand 2   1 900, — DM
   gleiches Modell, gleicher Zustand   3 100, — DM

7. Omega »Constellation« Chronometer, 18 K-Goldge-
   häuse und originales Goldband, Kaliber 505, Zustand 1–2   5 500, — DM
   ähnliches Modell, Kaliber 561, gleicher Zustand   7 300, — DM

8. Patek Philippe »Calatrava«, 18 K-Goldgehäuse, Ref. 96,
   Kaliber 12′″–120, Zustand 1–2   14 500, — DM
   gleiches Modell, gleicher Zustand   9 200, — DM
   gleiches Modell, gleicher Zustand, Stahlgehäuse   13 000, — DM

9. Jaeger-Le Coultre »Futurematic«, Goldfilled-Gehäuse,
   schwarzes Zifferblatt, Zustand 2   1 000, — DM
   gleiches Modell, gleicher Zustand   2 200, — DM

10. Jaeger-Le Coultre »Reverso«, Stahlgehäuse, signiert
    »Favre Leuba«   3 900, — DM
    gleiches Modell, gleiche Signatur, etwas anderes Zifferblatt   5 500, — DM

11. Universal-Chronograph »Tri-Compax« mit Mondphase,
    18 K-Goldgehäuse   2 600, — DM
    gleiches Modell im 14 K-Goldgehäuse, Zustand 2   4 800, — DM

12. Universal »Tri-Compax« im Stahlgehäuse, Zustand 2   2 800, — DM
    gleiches Modell, gleicher Zustand   4 300, — DM

Soweit die Preise und Preisunterschiede von einigen prominenten und, bis auf die Movado, häufiger angebotenen Armbanduhrmodellen. Was hat man also davon, zu wissen, daß eine Stahl-Bubble Back von Rolex im gleichen Zustand und mit einem vergleichbaren Zifferblatt 2800 DM und auch 5100 DM kosten kann? Wobei die hier genannten Preise keineswegs mühselig herbeigesuchte, absolute Tiefst- und Höchstpreise sind, sondern nur zufällig in zeitlich nicht weit auseinander liegenden Auktionen gefundene. Und sie können bei unterschiedlichem Erhaltungszustand und bestimmtem, sehr beliebtem Zifferblattdesign noch viel weiter differieren. – Was hat man also davon, außer natürlich dem eigenen Erfolgserlebnis, wenn man feststellt, daß die eigene Stahl-Bubble Back damals nur 2000 DM gekostet hat, oder man eine IWC »Ingenieur« kurz vor ihrem Boom für 900 DM ergattert hat. Ich gönne Ihnen dieses Erfolgserlebnis, und fahre fort mit meinen Erörterungen.

Wenn Preistrends sich ändern, etwa dadurch, daß eine bestimmte Uhr oder Marke auf einer Auktion einen sensationell hohen Zuschlag erzielt, so geschieht das sehr schnell. Denn solche Zuschläge werden, besonders wenn ihre Tendenz nach oben weist, von den anwesenden und beobachtenden Kollegen aus anderen Auktionshäusern sogleich bei ihrer nächsten Auktion als Limit zugrunde gelegt und bieten damit die Basis für den allgemeinen Aufwärtstrend. Im Bereich des Handels sorgen die bei jeder größeren Auktion anwesenden Kofferhändler noch schneller für die rasche Ausbreitung neuer Preistrends, indem sie ihre Preisforderungen gleich nach der Auktion deren Ergebnissen anpassen.

Gisbert L. Brunner (Armbanduhren, München 1990) hat einmal belegt, welch ungeahnte Preissprünge einige Armbanduhren der Schweizer Nobelmarken, vorwiegend von Patek Philippe und hier besonders bestimmte Modelle, in den letzten zehn Jahren auf Auktionen erlebt haben. Preissteigerungen um das Doppelte liegen dabei noch an der unteren Grenze. Extreme Beispiele sind etwa ein Chronograph Rattrapante von Patek Philippe aus den zwanziger Jahren, der 1984 für 31 470 SFr zugeschlagen wurde und 1989 bei einer erneuten Versteigerung 348 000 SFr erzielte, also das Elffache oder einen Zuwachs von 1100%. Ähnlich ein anderer Chronograph von Patek Philippe mit Kronendrücker aus der Zeit um 1936, der 1983 für umgerechnet 36 000 DM und 1990 erneut für 450 000 DM zugeschlagen wurde, also sogar das Zwölfeinhalbfache. Aber auch manche Modelle anderer Hersteller wie Audemars Piguet und Cartier, IWC's Mark XI, die Prince oder der Cosmograph von Rolex, haben in diesem Zeitraum Preissteigerungen von bis zum Sechsfachen erlebt. Die Preise einiger Modelle von Movado (Chronographe, Tempomatic) haben sich vor etwa eineinhalb Jahren innerhalb kurzer Zeit auf unerklärliche Weise vervierfacht: eine schlichte Spekulation vermutlich, die aber eine Weile anhielt und heute immer noch nicht aus der Welt ist, obwohl die zu solchen hohen Preisen angebotenen Movado-Modelle meist liegenbleiben.

Ein Buch aber, das vom Zeitpunkt der Beendigung des Manuskriptes bis zum Erscheinen in den Buchhandlungen mindestens ein halbes Jahr benötigt und

254   Eterna-Matic Chronometer
Ca. 1950. 18 kt. Gelbgold. Rotor-Aufzug.
Kal. 1247. 21 Steine, 5 Lagen justiert.
Flachspirale. Monometall. Schraubenunruh.
Stoßsicherung.
(Joseph)   1.000,-/1.400,-

255   Omega Constellation
1952/3. 18 kt. Gelbgold. Rotoraufzug.
12 1/2, Kal. 351. 17 Steine. Flachspirale.
Monomet. Ringunruh. Incabloc-Stoßsicherung.
(Breitsprecher)   1.800,-/2.500,-

256   Omega Constellation Chronometer
1954. Edelstahl, wasserdicht. Rotor-Aufzug.
Kal. 354. 17 Steine. Flachspirale. Glucydur-
Unruh. Incabloc-Stoßsicherung.
(Henrys)   500,-/700,-

257   Omega Constellation
1965. Edelstahl. Wasserdicht, Datum. Rotor-
Automatik-Aufzug. Vergoldetes Werk, Kal.
561. 24 Steine. Autokomp. Flachspirale.
Kompensations-Unruh. Incabloc-Stoßsicherung.
(Henrys)   600,-/900,-

258   Laco Chronometer
Ende 1950. 14 kt. Gelbgold. Handaufzug.
12''', Kal. 630 von Durowe. Direkte Zentral-
sekunde. 21 Steine. Flachspirale. Beryllium-
Unruh. Stoßsicherung (Duroswing).
(Privatbesitz)   1.000,-/1.500,-

254

255

256

257

258 A

258 B

81   Auszug aus einem
Preisführer.

auch nicht kurzfristig korrigierbar ist, kann, wenn es Preislisten enthält, bei plötzlich sich ändernden Preistrends ganz schnell sehr alt aussehen, so überflüssig sein wie eine Tageszeitung von gestern und gerade noch fürs moderne Antiquariat taugen.

Eine weitere Sache ist, daß eine Preisangabe sehr stark von der Person abhängig ist, die sie macht. Ein Händler wird für dieselbe Uhr einen anderen Preis nennen als ein Auktionator, als ein Auktions-Einlieferer oder ein Kunde im Handel. Denn die Preisangaben hängen ab von der individuellen Zielsetzung des Vorschlagenden. Sie hängen daher auch davon ab, ob man gerade Geld braucht, unter Zeitdruck steht, oder ob man viel Zeit hat und nicht unbedingt ein Stück verkaufen muß.

Die bisher einzige deutsche Buchpublikation, in der in größerem Umfang Preisangaben gemacht wurden (Bernhard Schmeltzer, Taschen- und Armbanduhren richtig sammeln und bewerten, Duisburg 1988), schränkte diese so weit ein (Preise nur für eine geringe Anzahl von Modellen oder Typen, Geltungsdauer nur 1987–89, Schwankungsbreite ± 25%, gültig nur für Uhren- und Antiquitätenfachgeschäfte), daß die Chance, den Preis für eine eigene oder gewünschte Uhr darin zu finden, recht gering war. Als weitere Einschränkung – vom Autor gar nicht berücksichtigt, aber an seinen Preisangaben deutlich spürbar – kam der Regionaleffekt hinzu (in Metropolen und Ballungsgebieten sind die Preise höher als in Mittelstädten).

Man sollte daher lieber einmal versuchen, von den heute so beliebten »objektiven« Daten und Zahlen abzusehen, die es nur in sehr begrenztem Rahmen geben kann, und das Preisproblem statt dessen persönlich angehen, indem man sich fragt: was wäre **mir** diese Uhr wert? Welche Summe bin **ich** bereit, dafür auszugeben? Natürlich ist dafür eine gewisse Preiserfahrung notwendig, denn niemand möchte und soll überhöhte Preise bezahlen. Aber unter dieser Fragestellung wird – wie beabsichtigt – die Sichtweise eine andere, der eigene Spielraum wird größer. Diese Preiserfahrung holt man sich am besten selbst, indem man mehrere Auktionen renommierter Häuser besucht, sich den Katalog besorgt und in diesem die Zuschläge notiert. Nach etwa einem halben Dutzend derart ausgewerteter Auktionsbesuche hat man schon genügend Preiserfahrung, um eine finanzielle Fehlentscheidung vermeiden zu können. Und man hat gleichzeitig eine ganze Menge mehr gelernt, das einem eine Preisliste nicht hätte vermitteln können.

Ich hoffe, bei dem Versuch zu erklären, warum ich keine festen Preise und Preistabellen hier abdrucke, schon eine ganze Menge über Armbanduhrenpreise und deren Findung ausgesagt zu haben.

Etwas anderes muß bei dem Thema Preise beachtet werden. Besonders von dem Sammler, der ausschließlich oder überwiegend als Geldanleger sammelt und daher daran interessiert ist, die erworbenen Uhren ggf. mit Gewinn wieder zu verkaufen: die beste und beweglichste, etwa als Loseblattsammlung angelegte und ständig auf dem aktuellen Stand befindliche Preisliste (so etwas gibt es bisher für Uhren nicht) ist nutzlos, solange sich kein Käufer blicken läßt.

Der Uhrenmarkt, auch der der jüngeren mechanischen Sammlerarmbanduhren, ist ein Teil des Kunstmarktes, und der Kunstmarkt ist ein ganz ausgeprägter Käufermarkt. Das heißt, es ist viel leichter, eine Uhr zu kaufen, als eine Uhr zu verkaufen! Das gilt um so mehr, je kleiner ein Spezialmarkt ist, je geringer also die Anzahl der als Käufer in Frage kommenden Interessenten und Sammler ist. Jeder, der einmal versucht hat, eine Uhr aus seiner Sammlung zu verkaufen, wird die Erfahrung gemacht haben, wie klein auf einmal der Kreis der Interessenten ist, und wie diese wenigen sich anstellen, wenn's ans Geldausgeben geht!

Das heißt, eine Preisangabe ist nur so viel wert, wie eine Chance besteht, sie durch Verkauf auch zu realisieren.

Günther Picker (Beck-Rechtsberater Antiquitäten, Kunstgegenstände, München 1988) hat einmal eine Rangfolge der wichtigsten Sammelgebiete des Kunstmarktes nach ihrer Beliebtheit aufgestellt, da diese Beliebtheit ein wichtiges Indiz ist für die Größe des jeweiligen Sammelgebietes bzw. Spezialmarktes. Pickers Rangfolge sieht folgendermaßen aus:

Briefmarken	**Uhren**
Münzen	alte Waffen
Gemälde	Spielzeug
Möbel	Militaria
Silber und Schmuck	Orden und Ehrenzeichen
Plastiken	Gobelins und Teppiche
Porzellan und Glas	Ikonen
Grafik und Bücher	Ethnologica usw.

Die Uhren liegen also im Mittelfeld dieser Beliebtheitsskala. Das sollte man als Kapitalanleger wissen: daß es nämlich eine ganze Anzahl von Kunst-Sammelgebieten gibt, die beliebter sind, einen größeren Interessentenkreis haben und daher bessere Verkaufschancen versprechen.

2   Damenuhr 18 Kt. Gold mit
Datum, Wochentag, Monat und
Mondphase. Automatikwerk.
Wasserdicht.
DM 7900,–

3   Herrenuhr 18 Kt. Gold/Stahl
mit Kalendarium wie 2. Automatikwerk. Wasserdicht.
DM 5200,–

4   Herrenuhr mit 18 Kt. Gold/
Stahl-Band. Kalendarium wie 2.
Automatikwerk. Wasser-
dicht.
DM 6900,–

5   Damenuhr 18 Kt. Gold/Stahl
mit Kalendarium. Sonst wie 2.
Automatikwerk. Wasserdicht.
DM 4900,–

82   Einige neuzeitliche
mechanische Armband-
uhren von Blancpain (aus
einem Katalog von Uhren
Huber, München).

Neuzeitliche mechanische Armbanduhren kaufen?

Auf der 42. Uhrenauktion des Hauses Dr. Crott & Schmelzer am 12. Mai 1990 erzielten einige neuzeitliche Armbanduhren, alle sehr gut erhalten, mehrere davon sogar ungetragen und fabrikneu, die folgenden Zuschläge:

Eine IWC Da Vinci mit ewigem Kalender kostete 10500 DM. Abzüglich des Aufgeldes blieben dem Einlieferer netto 8925 DM – Neupreis dieser Uhr ca. 20000 DM.

Ein Armband-Tourbillon von Audemars Piguet erreichte 25000 DM, das sind für den Einlieferer netto 21250 DM. – Der Neupreis dieser 1986 auf den Markt gekommenen Uhr beträgt rund 45000 DM. Der Käufer bezahlte brutto 30000 DM und konnte damit ein Drittel des Neupreises sparen.

Die rechteckige Novecento von IWC mit ewigem Kalender erreichte 12000 DM, das sind netto für den Einlieferer 10200 DM. – Neupreis dieser Uhr rund 17000 DM.

Eine Audemars Piguet Automatic mit ewigem Kalender war für 18500 DM, netto also 15725 DM zu haben. – Neupreis: 32500 DM.

Ein Porsche Titan-Chronograph von IWC erreichte 3000 DM, das sind netto 2550 DM. – Neupreis 4800 DM.

Auf der Auktion von Henry's in Mutterstadt am 18. 10. 1991 erzielte eine neuwertige Omega Constellation in Stahl/Gold 1900 DM, netto also 1600 DM. – Neupreis: 3500 DM.

In der Juni-Auktion 1991 von Henry's erreichte eine ungetragene Armbanduhr des Typs Planetarium von Ulysse Nardin 39500 DM, brachte dem Einlieferer also ca. 33000 DM bei einem Neupreis von 49000 DM.

Und die so beliebte goldene Rolex Oyster Perpetual Day-Date mit goldenem Präsident-Armband, die neu um 20000 DM kostet, erzielt auf Auktionen in gutem Zustand Zuschläge um 10000 DM, das heißt 8–9000 DM netto für den Einlieferer.

Aus diesen Zahlenbeispielen kann man eigentlich nur schließen, daß derjenige, der eine neu gekaufte mechanische Armbanduhr aus derzeitiger Fertigung bald danach wieder verkaufen will (oder muß), ein schlechtes Geschäft dabei macht, in vielen Fällen erreicht er, selbst wenn die Uhr in der Zwischenzeit ungetragen im Safe lag, dafür nicht mehr als die Hälfte des Neupreises. Es mag sein, daß man etwa in Genf höhere Preise erzielen kann als auf einer deutschen Uhrenauktion, oder daß man mit viel Glück für ein begehrtes Modell nahe an den Neupreis herankommt. Aber auch im günstigsten Fall ist mit einem Preisabschlag zu rechnen. Einen Gewinn kann man beim Verkauf dieser Uhren also nicht erzielen. Es wäre auch widersinnig, wenn man für die gleiche Uhr, die man neu im Laden kaufen kann, aus zweiter Hand kommend mehr bezahlen müßte. Es sei denn, man müßte im Laden wegen Lieferschwierigkeiten tatsächlich lange Wartezeiten in Kauf nehmen.

Auf der anderen Seite hört man aber ständig, wie hektisch den Herstellern und Händlern diese neuzeitlichen Uhren geradezu aus den Händen gerissen werden. Von Lieferengpässen ist die Rede, von ständig zunehmenden Lieferzeiten und vom immer deutlicher spürbar werdenden Mangel an gut ausgebildeten Uhrmachern, um diese Lieferengpässe abzuarbeiten.

Ignaz Miller beschreibt in der Hauszeitschrift der IWC Nr. 2/1991 den Preistrend für neue mechanische Armbanduhren als positiv, da aufwärtsstrebend: eine Ingenieur in Stahl kostete 1980 2100 SFr und heute 4000 SFr. Die Referenz 5251 habe sich sogar von 6000 SFr im Jahre 1981 auf heute 10 750 SFr gesteigert. Und die Da Vinci sei, ebenso wie von Patek Philippe die Nautilus oder die Calatrava, in den letzten fünf Jahren um 20 bis 25% teurer geworden.

Millers Fazit: eine feine Uhr hält wenigstens die Substanz (denn 4% Preissteigerung pro Jahr entspricht etwa der Inflationsrate) – jedenfalls aus der Sicht des Herstellers und Händlers, denn nur diese realisieren ja die Preissteigerungen fabrikneuer Uhren: nur ihnen kommen sie zugute.

Der als Käufer auftretende Sammler sollte eher vorsichtig an diese neuzeitlichen mechanischen Armbanduhren herangehen, und zwar gleichgültig, ob er mit dem Ziel der Geldanlage sammelt – es sei denn, er spekuliert langfristig auf zunehmende Preise, wenn zum Beispiel die Herstellung der Uhren einmal eingestellt wird. Das ist aber sehr riskant, denn ein Preisanstieg wird, wenn überhaupt, nur wenige und heute noch nicht voraussehbare Modelle betreffen. Oder aber der Sammler will die von ihm gesammelte Marke oder Spezialität um die neuesten Modelle komplettieren. Denn in beiden Fällen wird er, wenn er etwas Zeit mitbringt, auch die neuwertigen, ungetragenen Modelle auf Auktionen sehr viel günstiger einkaufen als heute im Uhrmacherladen, wie die Beispiele zu Beginn dieses Kapitels zeigen.

Da man ein solches vernünftiges Verhalten eigentlich jedem Sammler unterstellen sollte, stellt sich die Frage: was für Menschen sind das, die durch ihre hektischen Käufe diesen Boom bei den neuen mechanischen Armbanduhren hervorrufen?

Martin Huber schreibt in dem schon erwähnten Artikel (AU 3/1989 S. 61), diese Uhren seien »Spielzeug wohlhabender Herren« geworden. Und weiter »Heute ist eine Kundschaft herangewachsen, die mit größter Unbefangenheit, frei von Technikbarrieren und Theoriewissen, mikromechanische Exoten kauft, als ob es sich um Boss-Anzüge oder Sportwagen handele. . . . damit vollzieht sich bei den Uhren das gleiche, was die Nobelmarken der Automobilindustrie schon lange praktizieren: die Entwicklung von technischem Prestige-Spielzeug«.

Für diese Klientel sind diese Uhren Konsumartikel. Über deren Wiederverwertbarkeit machen sie sich keine Gedanken.

Mit den normalen, ernsthaften Uhrensammlern bisheriger Prägung, denen auch dieses Buch zugedacht ist, hat die von Huber so treffend charakterisierte Klientel der Uhren-Nobelfirmen also kaum etwas gemeinsam. Es sind vielmehr Menschen, die eine leicht erkennbare Prestigeuhr suchen.

Zu den hier gemeinten Uhrensammlern zurückkehrend, kann man diesen nur raten: lassen Sie die Finger von diesen neuen Armbanduhren, es sei denn, Sie wollen einmal ein richtig schönes Risiko eingehen und können den wahrscheinlichen Verlust von vielleicht zehntausend Mark und mehr leicht verschmerzen. Überlassen Sie diese Uhren der neuen Art von Käufern, die ja ohnehin für die Herstellerfirmen übergenug an Kapazitätsauslastung bringen. Bleiben Sie bei den älteren Uhren. Angesichts der immens großen, fast unüberschaubaren Fülle an unterschiedlichen Marken, Modellen und Kalibern auf diesem Markt erleiden Sie dabei wahrlich keine empfindliche Einschränkung.

Jene neuen Uhren aus der heutigen Fertigung werden vielleicht in 30 Jahren für Sie oder Ihre Kinder zu Sammelobjekten. Wenn es möglicherweise darum geht, unsere Jahre mit ihrer seltsamen und anachronistischen, kaum erklärbaren, aber so sympathischen Rückwendung zur technisch überholten mechanischen Armbanduhr in bestimmten – und erst dann bestimmbaren – Modellen zu dokumentieren.

Steuern, Zoll

In die drei steuerrechtlichen Kategorien, in welche die Objekte des Kunstmarktes ganz profan unterteilt werden, nämlich Antiquitäten, Kunstgegenstände und Sammlungsstücke, kann die ältere mechanische Uhr nur dann eingereiht werden, wenn sie Antiquität und daher mindestens 100 Jahre alt ist. Das trifft wohl auf die Mehrzahl der heute schon in völliger Verkennung der Wortbedeutung als »antik« bezeichneten Taschen- und Pendeluhren zu, nicht aber auf Sammlerarmbanduhren, die ganz überwiegend erst maximal 90 Jahre alt sind (viele von ihnen werden also in rund 10 Jahren in die Kategorie der Antiquitäten hineingewachsen sein). Nur sehr wenige Ambanduhren wie die Vorläufer aus dem 19. Jahrhundert sind, steuerrechtlich gesehen, Antiquitäten. Und die Einstufung einer Armbanduhr als Sammlungsstück wird, wie schon erläutert wurde (siehe S. 63), bei der restriktiven Auslegung dieses Begriffes nur sehr selten einmal gelingen.

Das hat seine Konsequenzen zum Beispiel bei der **Mehrwertsteuer**, die beim Verkauf einer Armbanduhr zu erheben und an das Finanzamt abzuführen ist. Sie beträgt in Deutschland derzeit 14% (in der Schweiz zum Beispiel nur freundliche 6,2%). Der auf 7% ermäßigte Steuersatz gilt nur für Sammlungsstücke, also die einmaligen, absoluten Museumsstücke. Darunter dürfte vielleicht ein Unikat wie etwa eine rubinbesetzte Damen-Goldarmbanduhr von Capt & Freundler aus dem Jahre 1813 zählen, aber kaum eines der heute auf dem Markt befindlichen Stücke.

Da die einzelne Handfertigung ein wichtiges Indiz für, die serienmäßige Herstellung aber ein entschiedenes Indiz gegen die Einstufung als Sammlungsstück ist, wird man im Fall eines unikalen, handwerklich hergestellten Stückes, das wie die eben erwähnte Damenarmbanduhr von Capt & Freundler vielleicht sogar als Schmuckstück des Empire ein Kunstgegenstand ist, gestützt auf ein Fachgutachten unter Umständen doch den ermäßigten Steuersatz durchsetzen können. Jedenfalls lohnt sich bei derartigen Stücken, bei denen wegen des hohen Preises die 7% Unterschied 10 000 DM und mehr ausmachen können, der Versuch.

Allerdings ist nicht jeder Privatmann und Sammler, der eine oder mehrere Uhren seiner Sammlung verkauft, zur Erhebung und Abführung der Mehrwertsteuer verpflichtet. Das gilt vielmehr nur für denjenigen, der gewerbsmäßig als Unternehmer, beziehungsweise in diesem Fall als Händler, ständig Uhren kauft und verkauft. Für Privatpersonen gilt ein Urteil des Bundesfinanzhofes aus dem Jahre 1987 (siehe Picker S. 172), nach dem

»Ein Briefmarkensammler, der aus privaten Neigungen sammelt, ... nicht der Umsatzsteuer (unterliegt), soweit er Einzelstücke veräußert (wegtauscht), die Sammlung ... umschichtet oder die Sammlung ganz oder teilweise veräußert.«

Was in diesem Fall für Briefmarkensammler galt, gilt natürlich auch für Uhrensammler. Der Privatmann, der die eine oder andere Uhr verkauft, muß also keine Mehrwertsteuer an das Finanzamt abführen; es sei denn, er ist bereits aus anderen Gründen Unternehmer und daher umsatzsteuerpflichtig, zum Beispiel wenn er freiberuflich selbständig ist: dann ist er auch beim privaten Verkauf einer Uhr aus seiner Sammlung umsatzsteuerpflichtig.

Einkommensteuerpflichtig wird ein Sammler nur dann, wenn es sich bei dem Verkauf einer Sammlerarmbanduhr um ein sogenanntes Spekulationsgeschäft handelt. Als Spekulationsgeschäft wird ein Verkauf definiert, bei dem der Zeitraum zwischen Kauf und Verkauf weniger als sechs Monate beträgt. Die Verkaufsmotive spielen dabei keine Rolle. Einkommensteuerpflichtig ist dabei der Gewinn, also die Differenz zwischen Kauf- und Verkaufspreis plus Werbungskosten. Gewinne aus solchen »Spekulations«geschäften bleiben dann steuerfrei, wenn sie im Kalenderjahr weniger als 1000 DM betragen. Will man eine geschenkte Uhr verkaufen, so gilt für die Berechnung der sechsmonatigen Spekulationsfrist nicht etwa der Augenblick der Schenkung als Beginn, sondern der des entgeltlichen Erwerbs durch den Rechtsvorgänger, also den Schenkenden.

Bei Übersteigen bestimmter Freigrenzen unterliegen Sammlerarmbanduhren im Privatvermögen der **Vermögensteuer**. Die Freigrenze liegt bei 10000 DM pro Familienmitglied. Eine vierköpfige Familie darf also eine Uhrensammlung im Wert von 40000 DM – wobei der Wert sich nach dem Verkaufspreis im Handel richtet – ohne Anfall von Vermögensteuer besitzen. Aber Vorsicht: übersteigt der Wert der Sammlung die Freigrenze auch nur um eine Mark, so ist der Gesamtbetrag vermögensteuerpflichtig, nicht etwa nur der die Freigrenze übersteigende Betrag!

Neben diesen direkten Freigrenzen aus den Sammleruhren gibt es nochmals auf das Gesamtvermögen einen Freibetrag von 70000 DM pro Familienmitglied. Die vierköpfige Familie, deren Familienvater Armbanduhren sammelt, wird also erst dann vermögensteuerpflichtig, wenn ihr Gesamtvermögen größer ist als 320000 DM. In welchem Maße dabei Grundbesitz, also das Einfamilienhaus, Aktienbesitz oder Kapitalvermögen zu Buche schlagen, soll hier nicht weiter erörtert werden. Dafür ist der Steuerberater zuständig.

Der Vermögensteuersatz beträgt bei natürlichen Personen 0,5% des steuerpflichtigen Vermögens. Trotz aller Freibeträge und Freigrenzen kann die Vermögensteuer ganz schön zu Buche schlagen, besonders bei den hohen Preisen für Uhren der großen Marken. Der Sammler etwa, der den kürzlich erwähnten Chronographen von Patek Philippe mit Kronendrücker aus der Zeit um 1936 für 450000 DM zugeschlagen erhielt und dafür nach Aufgeld und Mehrwertsteuer 522000 DM bezahlt hat, muß, sofern er seinen Freibetrag vielleicht schon durch eine früher erworbene Uhr ausgeschöpft hat, nur für den Besitz dieses Stückes eine Vermögensteuer von 2610 DM jedes Jahr ans Finanzamt abführen – wenn er steuerehrlich ist und seine Vermögenswerte in voller Höhe angibt.

Aber nicht nur der Begüterte, der sich eine solche Uhr leisten kann, wird in solcher Höhe vermögensteuerpflichtig. Sehr viel häufiger wird auch der Sammler mit schmaler Börse, der sich in jahrelanger geduldiger Suche nach günstigen Gelegenheiten (deren automatischer Wertzuwachs sich nun gegen ihn kehrt!) eine stetig wachsende Sammlung zusammengespart hat, irgendwann einmal einen Vermögenswert zusammengebracht haben, dessen jährliche Vermögensteuer ihn ein Nettomonatsgehalt – und damit die Summe, die er sich sonst zur Vergrößerung seiner Sammlung absparen könnte – kosten kann.

Wer nicht steuerehrlich ist, weil ihn diese weitere »überflüssige« Abgabe ärgert oder finanziell zwickt, ihn vielleicht sogar an der weiteren Verfolgung seines Sammelhobbys hindert, dem ist natürlich daran gelegen, seine Sammlung vor der Öffentlichkeit zu verbergen, um nicht ins Blickfeld der Steuerfahndung zu geraten. Man darf vermuten, daß auf diese Weise zahlreiche wertvolle, hochinteressante Uhrensammlungen im Verborgenen blühen, die niemals der öffentlichen Besichtigung oder der Wissenschaft und Forschung zur Verfügung stehen werden, weil ihre Eigentümer das Risiko auch einer anonymen Zur-Verfügung-Stellung aus Mißtrauen scheuen. Viele hochinteressante Uhren verschwinden auf diese Weise auf Nimmerwiedersehen in Privathäusern oder Banksafes, die, wenn es diese Steuer nicht gäbe, sehr vielen Menschen durch die Möglichkeit der Besichtigung zur lehrreichen Freude werden könnten und die auch sicher dem Uhrenforscher viel bereitwilliger zur Verfügung gestellt würden. Eine eigentlich bedauerliche Folge einer Steuer und nicht ihr Sinn und Zweck: nämlich die Behinderung und Verarmung des kulturellen Lebens.

Zollgebühren fallen bei der Einfuhr von Sammlerarmbanduhren nur dann an, wenn diese aus einem nicht präferierten (das heißt nicht begünstigten) Drittland (zum Beispiel USA, Kanada, Japan, Australien) eingeführt werden. Die Zollgebühr beträgt dann 5,1% des Warenwertes. Einfuhren aus EG- sowie Präferenzländern, zu denen auch die Schweiz gehört, sind zollfrei.

In jedem Fall und gleichgültig, woher eingeführt wird, ist bei der Einfuhr aber die Einfuhrumsatzsteuer zu bezahlen, deren Höhe sich nach der normalen, auch im Inland zu zahlenden Mehrwertsteuer richtet; für Armbanduhren also normalerweise 14%, in den erwähnten seltenen Ausnahmefällen 7%.

Damit man die Umsatzsteuer nicht doppelt bezahlt, nämlich die des Landes, in dem man die Uhr erworben hat, und die deutsche bei der Einreise, erhält man gegen Rücksendung der Ausfuhrdeklaration an den ausländischen Verkäufer die von diesem zunächst einbehaltene Umsatzsteuer zurückerstattet. Dieses etwas umständliche Verfahren wird häufig dadurch vereinfacht, daß der Verkäufer im Hinblick auf die Ausfuhr von vornherein auf die Erhebung der Umsatzsteuer verzichtet.

Es gibt ganz schlaue Mitbürger, die sich zwar im Erwerberland die Umsatzsteuer für ein erworbenes Stück stornieren lassen, dann aber beim Grenzübertritt darauf »verzichten«, es zu deklarieren, um jegliche Umsatzsteuer zu sparen. Vor so etwas kann man nur warnen, denn es kann eine sehr teure Sache werden, wenn man dabei erwischt wird. Schon mancher derart an der Grenze erwischte Uhrensammler mußte anschließend zu Hause der Steuerfahndung für jedes einzelne Stück seiner Sammlung die Herkunft nachweisen und erklären, ob bei deren Erwerb die zoll- und steuerrechtlichen Vorschriften beachtet worden sind. Wer da in Beweisnot kommt, kann sich schnell einer beachtlichen Pauschal-Nachforderung des Finanzamtes gegenübersehen. Dieses prüft bei der Gelegenheit natürlich auch gleich, ob die Sammlung vielleicht vermögensteuerpflichtig ist. Wenn ja, ist auch hier mit Nachforderungen zu rechnen.

Bei der Einfuhrumsatzsteuer werden die allgemein für Reisemitbringsel geltenden Freibeträge von 780 DM (aus EG-Ländern) und 115 DM (aus Drittländern) berücksichtigt.

Rechtsgrundsätze beim Kauf und Verkauf, Gewährleistung

Das Rechtsverhältnis zwischen Verkäufer und Käufer ist, etwas überspitzt formuliert, grundsätzlich davon bestimmt, daß ersterer möglichst ohne jedes Risiko verkaufen möchte, während letzterer bestrebt ist, dem Verkäufer möglichst alle Risiken (Mängel und Fehler des gekauften Gegenstandes) aufzubürden. In diesem Spannungsverhältnis zwischen den beiden Vertragsparteien ist das Bürgerliche Gesetzbuch das Regelungswerk, dessen Vorschriften den Kauf von Antiquitäten und Sammlungsstücken grundsätzlich regeln. Im folgenden sollen in einer Auswahl die wichtigsten Rechte und Pflichten von Käufer und Verkäufer aufgeführt werden.

Bei Auktionen regeln die »Allgemeinen Versteigerungsbedingungen« die Rechtsverhältnisse, denen sich alle Beteiligten – Auktionator, Einlieferer und Ersteigerer – zu unterwerfen haben. Der Auktionator hat diese daher im Versteigerungslokal deutlich sichtbar auszuhängen, außerdem sind sie immer im Auktionskatalog abgedruckt. In den Allgemeinen Versteigerungsbedingungen steht, daß der Versteigerer nicht für Mängel haftet. In den meisten steht auch, daß die Katalogbeschreibungen keine zugesicherten Eigenschaften sind. Lediglich Joseph in Mönchengladbach sichert die innerhalb der Katalogbeschreibungen gemachten Angaben zu Namen, Alter und Materialien als Eigenschaften zu.

Zunächst etwas zu den Begriffen »Mangel« und »Eigenschaft«. Ein Sachmangel liegt vor, wenn der Gegenstand Fehler aufweist, die seinen Wert oder seine Gebrauchstauglichkeit herabsetzen; wenn er zum Beispiel eine Fälschung oder eine Mariage ist oder eine falsche Signatur hat, die bei einer Armbanduhr leicht bei einer Zifferblattrestaurierung entstehen kann.

Um einen Rechtsmangel handelt es sich, wenn die Eigentümerschaft unklar ist, wenn die Uhr dem Verkäufer gar nicht gehört, etwa weil sie aus Diebesgut stammt.

Eine Eigenschaft ist »jedes dem Kunstgegenstand auf gewisse Dauer anhaftende Merkmal, das für dessen Wert, seinen vertraglich vorausgesetzten Gebrauch oder aus sonstigem Grunde für den Käufer erheblich ist. Keine Eigenschaft ist der Wert (auch Marktwert) oder Preis der Kaufsache selbst. Eine Eigenschaft ist z. B. die Echtheit eines Bildes.« (Picker S. 81).

Wichtig für diese Haftungsausschlüsse durch den Versteigerer ist, daß alle zur Versteigerung gelangenden Objekte vor der Auktion besichtigt und geprüft werden können. Von dieser Möglichkeit der Besichtigung und Prüfung der einzelnen Stücke sollte man ausgiebig Gebrauch machen, sich auch die Uhren öffnen lassen, um die Werke begutachten zu können. In der Regel sind die Mitarbeiter der Auktionshäuser auch bemüht, die Bitten um Öffnung der Gehäuse zu erfüllen. Nur bei einigen wenigen Häusern stößt das manchmal auf enorme Schwierigkeiten, ebenso aber auch bei manchen wasserdichten Uhrenmodellen etwa mit Einschalen-(Monocoque-)gehäusen. In solchen Fällen sollte der Sammler lieber auf das Mitbieten verzichten. Denn das Risiko, etwa eine äußerlich sorgfältig aufpolierte oder galvanisch übervergoldete Uhr mit einem angerosteten oder sonst defekten Werk zu erwerben, ist zu hoch. Und Wunder kann auch der versierteste Uhrmacher nicht vollbringen. Ob man in einem solchen Fall bei einer gerichtlichen Anfechtung des Kaufs mit dem Argument Recht bekommt, das Auktionshaus habe mit der Ablehnung der Bitte, das Gehäuse zu öffnen, die ihm nach § 9 der Versteigererverordnung obliegende Verpflichtung, Gelegenheit zur Besichtigung und Prüfung des Objektes zu geben, vernachlässigt, ist zumindest zweifelhaft.

Schwieriger wird es schon, wenn man während der Besichtigung zum Beispiel das Zifferblatt abgenommen haben möchte, um etwa bei einer Rolex »Bubble Back« aus den vierziger Jahren nach der Kalibernummer zu suchen, die vor 1950 meist unter dem Zifferblatt eingestempelt wurde. Sollte sich das Auktionshaus weigern, diesen Eingriff vorzunehmen, muß man sich wohl damit abfinden. Oder aber mit dem Auktionator vereinbaren, daß man selbst das Zifferblatt abnimmt – wenn man sich das zutraut. Wenn man dabei aber etwas beschädigt, ist man schadenersatzpflichtig. Manche Auktionshäuser haben für solche Fälle in den Allgemeinen Versteigerungsbedingungen die Klausel, daß der Besucher für jeden von ihm in den Geschäftsräumen des Versteigerers verursachten Schaden haftet.

Gerade die eben erwähnte Rolex »Bubble Back« ist auch sonst ziemlich »begutachtungsunfreundlich«, was aber ihrer großen Beliebtheit und den dadurch verursachten hohen Preisen keinen Abbruch tut. Denn ihre Rotorautomatik ist als Zusatzwerk mit drei Schrauben auf das Gehwerk aufgeschraubt und verdeckt dieses vollkommen. Bei aufgesetzter Automatik ist also vom eigentlichen Werk nichts zu sehen. Gerade bei Uhren dieses Typs, die merkwürdigerweise in der übergroßen Mehrzahl schon rein äußerlich in ziemlich abgenutztem Zustand sind, wäre eine Prüfung des (ebenfalls häufig schlechten) Werkzustandes vor der Kaufentscheidung sehr wichtig. Es ist daher jedem Interessenten für dieses Uhrenmodell zu empfehlen, die Automatik zur Beurteilung des Werkes abnehmen zu lassen, was übrigens sehr einfach ist.

Eine wichtige Frage ist, ob ein Versteigerer trotz seines Haftungsausschlusses für Mängel oder Fehler des Auktionsgutes verantwortlich gemacht werden kann. Hier ist zunächst der Status des Versteigerers von Bedeutung. Versteigert er Agenturware, also in fremdem Namen und auf fremde Rechnung, so ist nicht der Versteigerer, sondern dessen Einlieferer der Vertragspartner des Ersteigerers; für den Einlieferer hat der Versteigerer aber die Haftung nicht ausgeschlossen, sondern nur für sich selbst. In diesem Fall ist der Einlieferer dem Ersteigerer für Fehler und Mängel im Rahmen des Bürgerlichen Gesetzbuches direkt verantwortlich.

 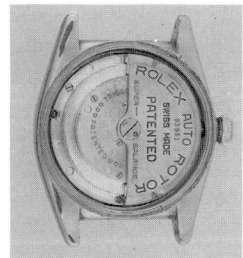 

83–85 Herrenauto-
matik Modell »Oyster
Perpetual« von Rolex,
um 1933, mit dem welt-
weit ersten Rotor – Kali-

ber 620 NA ab 1931.
Messingrotor einseitig
aufziehend, komplette
Abkopplung zwischen
Automatik- und Handauf-

zugsgetriebe. Die Auto-
matik-Baugruppe ver-
deckt vollständig das Prä-
zisionsuhrwerk.

Ist der Versteigerer als Kommissionär tätig, also im eigenen Namen auf
eigene oder fremde Rechnung, so kann er die Gewährleistung für Fehler umfassend
ausschließen, jedoch mit einer Einschränkung: der Bundesgerichtshof hat in einem
Urteil den Haftungsausschluß eines Auktionators für eine Fälschung nur unter der
Voraussetzung für zulässig erklärt, daß dieser seine Sorgfaltspflicht nicht verletzt
hat. Hier ist wichtig, ob der Auktionator in seinen Allgemeinen Versteigerungsbe-
dingungen festgehalten hat, er habe die Katalogbeschreibungen »nach bestem
Wissen und Gewissen« vorgenommen. Denn in diesem Fall erkennt er selbst seine
Verpflichtung an, ein eingeliefertes Objekt in zumutbarem Umfang auf seine
Echtheit zu prüfen. Das kann im Fall von beliebten, teuren, daher häufig gefälschten
Modellen wie der Rolex Prince zum Beispiel durchaus von Bedeutung sein.

Wenn man also nach der Ersteigerung einer Prince erkennen muß,
daß man eine Fälschung oder eine Mariage erwischt hat, so sollte man sich – bevor
man entscheidet, ob man gegen den Auktionator gerichtlich vorgehen will –
zunächst die Frage stellen, ob der Auktionator dies auch ohne größeren Aufwand
bei einer Prüfung »nach bestem Wissen und Gewissen« hätte erkennen können.

Im übrigen haben zwei Uhrenauktionshäuser (Joseph in Mönchengladbach und Henry's in Mutterstadt) in die Allgemeinen Versteigerungsbedingungen eine Art Selbstverpflichtung aufgenommen, indem sie eine Rücknahme des
ersteigerten Objektes und eine Kaufpreis-Rückerstattung garantieren, wenn der
Ersteigerer innerhalb von 30 Tagen begründete Mängel und abweichende Beschaffenheit zu den Katalogangaben nachweist. Diese Klausel begünstigt besonders die
schriftlichen und telefonischen Fernbieter, deren Risiko, das ja in der fehlenden
Besichtigungsmöglichkeit liegt, dadurch erheblich verringert wird. Nicht von unge-
fähr haben gerade diese beiden jungen Auktionshäuser den Markt des bequemen
Fernbietens forciert. Das Schweizer Auktionshaus Ineichen in Zürich garantiert die
Rücknahme innerhalb von 60 Tagen, wenn durch anerkannte Expertise schriftlich
der Nachweis erbracht wird, daß es sich um eine Fälschung handelt. Noch

großzügiger ist das Auktionshaus Antiquorum in Genf, das die Rücknahme einer Fälschung innerhalb von 5 Jahren garantiert, wenn der Ersteigerer dies innerhalb von sieben Tagen nach der Aufdeckung der Fälschung dem Auktionshaus schriftlich mitteilt. Einer der Ausschlußfälle für diese Selbsthaftung von Antiquorum klingt in seiner vorausschauenden Vorsorglichkeit schon fast kauzig: Diese Rücknahmegarantie gilt nicht, wenn die Fälschung mit wissenschaftlichen Methoden aufgedeckt wurde, die zum Zeitpunkt der Herausgabe des Kataloges noch nicht allgemein gebräuchlich waren, oder die zu kostspielig oder ungebräuchlich waren oder zu einer Beschädigung des Objektes hätten führen können. Soweit die Haftung bei Sachmängeln.

Wenn eine gestohlene Uhr auf einer Auktion oder im Handel angeboten und dies erkannt wird, so kann das Anlaß zu einer komplizierten Auseinandersetzung und einem schwierigen Rechtsstreit werden; selbst dann, wenn der Auktionator oder Verkäufer gar nichts davon wußte, daß dieses Stück mit dem Rechtsmangel des Diebesgutes behaftet ist, weil es bis zu ihm vielleicht schon durch mehrere Hände gegangen ist: denn nach deutschem Recht (anders als in den Nachbarländern Schweiz, Österreich, Niederlande, Belgien und Italien) bleibt immer derjenige der Eigentümer, dem das Objekt gestohlen wurde. Er muß nur in dem Fall, daß es wieder am Markt auftaucht oder von der Polizei ermittelt wird, seinen Eigentümeranspruch notfalls vor Gericht behaupten und geltend machen – und, falls der Verkäufer dies bestreitet, vor Gericht auch beweisen, daß das wieder aufgetauchte Objekt mit dem ihm gestohlenen identisch ist. Es ist also sehr zu empfehlen, die Uhren seiner Sammlung genau zu dokumentieren mit Fotos von der Zifferblatt- und Werkseite und mit Beschreibungen, bei denen besondere Identifikationsmerkmale wie Werk-, Gehäuse- und Referenznummern und sonstige besondere Kennzeichen wichtig sind. Diese genaue Dokumentation ist außerdem für die Ermittlungen der Polizei von Bedeutung. Wenn man seine Sammlung versichert, ist man zur Führung eines Verzeichnisses der versicherten Objekte sogar verpflichtet.

Kann man also nachweisen, daß man Eigentümer des gestohlenen Stückes ist, so muß der vorige Eigentümer – sei es nun der Dieb oder irgendjemand sonst, der es von diesem oder einem Dritten gutgläubig erworben hat – es entschädigungslos herausgeben, und er kann sich nur an den vorigen Eigentümer halten, von dem er seinerseits es erworben hat. Hoffentlich ist der dann noch auffindbar und liquide! Von dem kann er dann Schadenersatz wegen Nichterfüllung des Kaufvertrages verlangen, da er nicht Eigentümer des Objektes werden konnte. Dieser Schadenersatzanspruch verjährt erst nach 30 Jahren. Außerdem kann man bei dem Verkäufer entgangenen Gewinn geltend machen.

Als Käufer sollte man also bei besonders günstigen Gelegenheiten auch ganz besonders vorsichtig sein, denn unversehens können diese, wenn es sich um gestohlene Gegenstände, um Hehlerware handelt und man es mit dem rechtmäßigen Eigentümer zu tun bekommt, und derjenige, der einem das Stück verkauft hat, aber nicht mehr auffindbar ist, teuer zu stehen kommen.

Im normalen Handel gilt, daß derjenige, der einen Kunstgegenstand erwirbt und fristgerecht feststellt, daß dieser mangelhaft ist, nach den §§ 462 und 463 BGB je nachdem die Rückgängigmachung des Kaufvertrages, Herabsetzung des Kaufpreises oder Schadenersatz wegen Nichterfüllung des Kaufvertrages verlangen kann. Die Frist, innerhalb derer ein Mangel geltend gemacht werden kann, beträgt sechs Monate. Nur wenn der Verkäufer den Mangel arglistig verschwiegen hat (wenn er zum Beispiel wußte, daß es eine Fälschung ist), verlängert sich die Frist auf 30 Jahre.

Hat der gekaufte Kunstgegenstand nur einen Fehler, so kann man nur Rückgängigmachung oder Herabsetzung des Kaufpreises verlangen. Wenn der Mangel aber eine fehlende, vom Verkäufer zugesicherte Eigenschaft ist, kann man außerdem Schadenersatz wegen Nichterfüllung des Kaufvertrages verlangen, das heißt neben der Rückerstattung des Kaufpreises auch einen Ersatz eines etwaigen Weiterverkaufsgewinns und andere Kosten. Das heißt, man sollte sich Eigenschaften, die der Verkäufer mündlich zusichert, von ihm auch schriftlich bestätigen lassen. Solche zugesicherten Eigenschaften können folgende sein:

Die Uhr ist in allen Teilen original. Das Zifferblatt ist original und nicht aufgearbeitet. Die Uhr ist intakt und gangbar. Das Werk ist ein Ébauche der Firma XY. Die Uhr stammt aus der Sammlung Dr. Z. Von diesem Modell hat die Firma nur 2 (5, 10) Exemplare hergestellt.

Ist man selbst der Verkäufer, so sollte man vorsichtig sein und nicht mehr versprechen als man sicher weiß und nachweisen und daher dem Käufer auf dessen Verlangen auch guten Gewissens schriftlich bestätigen kann. Wer eine Eigenschaft mündlich zusichert und sich dann weigert, dies schriftlich zu bestätigen, steht in keinem guten Licht da. Denn man muß vermuten, daß er nur eine verkaufsfördernde Behauptung – wenn nicht gar Lüge – von sich gegeben hat.

Wenn man weiß, daß das Objekt eine Fälschung ist, so darf man dies dem Kaufinteressenten nicht verschweigen, sonst macht man sich strafbar.

Auch als Auktions-Einlieferer ist man Verkäufer: der Verkauf über eine Auktion ist im übrigen auch der einfachste Weg des Verkaufs. Über die Dinge, die beim Versteigerungsvertrag mit dem Auktionator zu beachten sind, wurde bereits gesprochen. Hier ist nur einiges nachzutragen.

Sind für die eingelieferten Stücke anstelle von Schätzpreisen Mindestpreise (Limits) vereinbart worden, was immer zu empfehlen ist, so gilt es aufzupassen, daß dies in den Allgemeinen Versteigerungsbedingungen nicht wieder aufgeweicht wird, etwa durch eine Klausel, daß der Versteigerer sich bei Preisen unter 1000 DM das Recht vorbehalten kann, auch billiger zuzuschlagen. Gegen eine häufige Klausel, daß bei Nichterreichen des Mindestpreises der Zuschlag »unter Vorbehalt« erteilt werden kann und der Zustimmung des Einlieferers bedarf, ist im Prinzip nichts einzuwenden, denn auch so behält man als Einlieferer die Entscheidung über die Höhe des Preises in der Hand. Man sollte auch bei der Erarbeitung des Versteigerungsvertrages über die Höhe des Mindestpreises, wie schon erwähnt, eine Einigung mit dem Auktionator anstreben, denn einige Auktionatoren verlangen eine Provision (genannt Rückgangsgebühr) von zwischen 2,5 und 5% des Limits im Fall, daß ein Objekt unverkauft bleibt, für das der Einlieferer einen zu hohen Mindestpreis festgelegt hat.

Man muß außerdem wissen, daß man als Einlieferer im Fall, daß der Auktionator nur als Handelsmakler auftritt (das ist der Normalfall bei Uhrenauktionen), voll verantwortlich bleibt für etwaige Mängel der Stücke; der Auktionator wird auf dieser vollen Haftung des Einlieferers bestehen. Im Versteigerungsvertrag muß man zum Beispiel die Klausel unterschreiben, daß man Eigentümer der eingelieferten Stücke ist, daß also kein Rechtsmangel (etwa Diebesgut) vorliegt.

Ist der Versteigerer als Kommissionär tätig, ist er also selbst Kaufvertragspartei, so wird er wie beschrieben im eigenen Interesse die Haftung für alle Mängel ausschließen, womit auch der Einlieferer vor Ansprüchen des Ersteigerers geschützt wird.

Wegen ihrer Bedeutung hier noch einmal die wichtigsten Grundsätze in Kurzform:

- Bei teuren Stücken einen schriftlichen Kaufvertrag fordern.
- Zusicherungen bezüglich Eigenschaften im Vertrag schriftlich festhalten.
- Die Echtheit unmittelbar vor oder nach dem Kauf überprüfen, da Regreßansprüche sechs Monate nach dem Kauf verjähren. Ggf. den Verkäufer im Vertrag schriftlich auf die Erhebung der Einrede der sechsmonatigen Verjährung verzichten lassen. Dann kann Regreß bis zu 30 Jahre nach dem Kauf geltend gemacht werden.
- Kaufquittung auf Vor- und Zunamen ausstellen lassen. Das ist wichtig für den Eigentumsnachweis etwa nach Diebstahl oder bei Ehescheidung.
- Beim Kauf auf Auktionen Uhren vorher genau prüfen, da hinterher meist kein Mangel mehr geltend gemacht werden kann.
- Beim Verkauf über eine Auktion im Versteigerungsvertrag Mindestpreise (Limits) vereinbaren und keine Schätzpreise, denn bei Schätzpreisen darf der Auktionator auch unter diesen zuschlagen, bei Mindestpreisen jedoch nicht.
- Beim Verkauf über eine Auktion immer einen schriftlichen Versteigerungsvertrag abschließen.
- Vorsicht bei sehr günstigen Angeboten: dies kann Hehlerware sein, und nach deutschem Recht bleibt eine gestohlene Uhr immer das Eigentum des Bestohlenen, der sie stets zurückverlangen kann.
- Dokumentieren Sie die Uhren Ihrer Sammlung sehr genau (mit Beschreibung, Werk-, Gehäuse- und Referenznummer, Fotos), damit Sie nach einem Diebstahl die Polizei unterstützen und nach Wiederauftauchen Ihre Uhr identifizieren und Ihren Eigentumsanspruch beweisen und durchsetzen können.
- Wenn man eine Fälschung hat und das weiß, darf man es bei einem Verkauf nicht verschweigen, sonst macht man sich strafbar.

Auf was muß ich beim Kauf achten?

Bevor man sich zum Kauf einer Uhr entschließt, sollte man sie einer ausführlichen Prüfung unterziehen. Der Umfang und die Qualität dieser Prüfung hängen ab von der zur Verfügung stehenden Zeit, vom Grad an Mißtrauen – und von den technischen Kenntnissen des Prüfenden. Hiermit ist natürlich nicht die Prüfung danach gemeint, ob das Stück gefällt, die sich ohnehin überwiegend auf das Äußere beziehen wird.

Nach vielen Besuchen von Auktionsbesichtigungen und Uhrenbörsen fiel mir auf, daß gerade die Armbanduhrensammler diese Prüfung nur flüchtig vornehmen, auf das Äußere und die Kronenfunktion beschränken. Nur selten läßt sich einmal jemand ein Gehäuse öffnen. Viele Sammler bekannten mir auf eine Rückfrage freimütig, sie verstünden vom Uhrwerk so wenig, daß es unnötig sei, es sich anzusehen. Das hängt wohl auch damit zusammen, daß Armbanduhrensammler eine andere Einstellung zu ihrem Hobby haben und sich nur selten aus der Gemeinde der klassischen Uhrensammler älterer Prägung rekrutieren, die überwiegend an der Technik und Funktion ihrer Sammelstücke interessiert sind, für die etwa ein Wort wie Isochronismus kein Fremdwort ist. Armbanduhrensammler gehen aber häufig viel spontaner und entspannter an die Sache heran und verzichten auf Theorieballast. Leider entgeht ihnen dabei aber die Schönheit, Eleganz und technische Qualität, Raffinesse eines Präzisionsuhrwerkes, die zu genießen und erfassen es eines bestimmten Grundwissens und vieler Erfahrung bedarf, und das zu erwerben kostet Zeit.

Im anschließenden Kapitel wird versucht, durch Vermittlung einiger dieser Erfahrungen und eines Teils dieses Wissens diese Zeit zu verkürzen. Außerdem soll sehr ausführlich die Rede davon sein, was bei der Inspektion einer zum Verkauf angebotenen Armbanduhr alles beobachtet werden kann und sollte, und welche Rückschlüsse aus diesen Beobachtungen auf Qualität und Erhaltungszustand gezogen werden können.

Mit weniger Wissen, als hier versucht wird zu vermitteln, sollte sich der ernsthafte Armbanduhrensammler nicht begnügen. Für manchen wird es vielleicht zu wenig sein. Der Kauf einer ungeprüften Uhr ist einfach zu riskant, und er wird immer riskanter, denn bei der noch anhaltenden Zunahme von Sammlern einerseits, dem aber nicht vermehrbaren Angebot andererseits, nimmt die Zahl der eigentlich verbrauchten und längst ausrangierten Uhren zu, die oberflächlich aufgemöbelt werden und dem Ahnungslosen als fast neu oder wenigstens gebrauchsfähig untergejubelt werden.

So eine Menge von fast ahnungslosen und naiv auf Oberflächenreize wie eine bekannte Zifferblattsignatur (die man leicht fälschen kann) reagierenden Sammlern ruft ja geradezu danach, betrogen zu werden. So leicht sollte man es skrupellosen Händlern nicht machen. Und außerdem macht eine gar nicht oder nur nach teuren Reparaturen recht und schlecht gehende Armbanduhr auf die Dauer keine Freude, mag sie noch so hübsch oder berühmt signiert sein.

Das Armband

Zunächst wird man die Uhr einer äußeren Prüfung unterziehen. Das Lederarmband und sein Zustand lohnt kaum einer Betrachtung, denn nach dem Kauf der Uhr wird man es wahrscheinlich ohnehin erneuern, wenn es nicht schon erneuert ist wie bei den meisten Armbanduhren auf Auktionen. Aber auch dieses erneuerte Armband wird häufig nochmals erneuert, denn die Auktionshäuser machen nicht immer das beste und passendste Armband an eine Uhr. Ist das alte noch daran, so lohnt es allerdings doch einen Blick, ob es vielleicht noch das Originalband mit der Originalschnalle ist, mit der Signatur der Firma, welche die Uhr signiert hat. Einige der Schweizer Nobelfirmen haben die mit ihrem Emblem versehenen Schnallen sogar aus massivem Gold/Platin hergestellt.

Sind Band und Schnalle noch original, so sollte man beides erhalten, wenn der Erhaltungszustand es erlaubt, denn die vollständige Originalität einer Uhr ist selten und reizvoll und macht sie wertvoller.

Lederbänder werden nach längerem Tragen durch die Feuchtigkeitseinwirkung allerdings steif und brüchig, besonders an den beanspruchten Stellen, wo sie über die Schnalle gebogen werden. Ist ein Originalband an diesen Stellen noch nicht zerstört, sondern nur etwas verhärtet, so sollte man das ganze Band mit einer fetthaltigen Leder- oder Schuhcreme (möglichst mit wenig chemischen Zusätzen, etwa aus einem Ökoladen) dick eincremen und nach längerer Einwirkungszeit polieren. Notfalls sollte dieses Eincremen mehrmals wiederholt werden, bis das Band wieder geschmeidig ist. Das desinfiziert auch gegen die Hautabsonderungen des vorigen Trägers.

Auch auf die Befestigung des Armbandes am Gehäuse sollte ein Blick geworfen werden: hat es schon Federstege, die seit den vierziger Jahren üblich sind (erkennbar entweder an Achslöchern für die Stege in den Hörnern des Gehäuses oder an stufenförmigen Stegen, was man unter der Lupe nach leichtem Zurückschieben des Lederbandes an der Anschlußstelle mit Steg und Horn sehen kann), oder noch die älteren festen Stege? Ist dieses Loch im Horn, das den Federsteg aufnimmt, ausgeleiert, deutet dies auf starken Gebrauch der Uhr hin. Bänder für feste Stege müssen geklebt werden. Sie werden nicht mehr sehr häufig hergestellt; die Auswahl ist daher gegenüber den Bändern für Federstege erheblich eingeschränkt. Sehr praktisch, aber ebenso selten, sind diejenigen Bänder für feste Stege, die am Ende hakenförmig gebogen und metallverstärkt sind. Sie werden einfach über die festen Stege geklemmt und können jederzeit leicht entfernt und ausgetauscht werden und sind auch bei Federstegen verwendbar.

Bei der Auswahl eines neuen Bandes ist natürlich der eigene Geschmack ausschlaggebend. Bestimmte historische Grundsätze sollte man aber beachten. Frühe Damenarmbanduhren zwischen 1920 und etwa 1940 hatten zum Beispiel sehr häufig ein Stoffband aus Rips, Moiré oder Brokat (Abb. 86) und nur selten die heute viel zu oft angebrachten schmalen Eidechslederbänder. Ähnliches gilt auch für die sportlichen Herrenarmbanduhren in Stahlgehäusen, die ebenso wie die Mehrzahl aller Armbanduhren bis in die fünfziger Jahre Schweins- oder Rindslederbänder hatten. Gerade bei sportlichen Uhren sind Bänder aus Reptilienleder unpassend, da zu fein in der Erscheinung. Das feine Eidechs- oder Krokodillederband gehört dagegen an eine feine goldene Qualitätsuhr. Man blättere nur einmal in älteren Uhrenkatalogen (Kahlert / Mühe / Brunner T. 36 – 39, 189 – 207) und man wird nur sehr wenige Reptillederbänder finden.

Wenn mir jetzt von Tierfreunden entgegengehalten wird, die Reptillederbänder seien nach dem Washingtoner Artenschutzabkommen verboten und außerdem das Ergebnis von Tierquälerei, so kann ich nur auf die entsprechenden Imitationen aus Hühnerbein o. ä. verweisen, die zum Glück zunehmend als Ersatz für Eidechs-, Krokodil-, Känguruh-, Elefanten-, Büffel- oder Antilopenleder verwendet werden. Außerdem bemüht sich die Lederindustrie, durch die Aufzucht bestimmter Tiere (Eidechsen, Alligatoren, Schildkröten) in Farmen die wildlebenden exotischen Tiere zu schonen (und das Artenschutzabkommen zu unterlaufen!).

Ich kann mir aber die Bemerkung nicht verkneifen, daß etwa ein echtes Eidechslederband ungleich viel schöner ist als sein Imitat aus Hühnerbein oder aus Glattleder mit künstlich aufgeprägtem Eidechs-Muster. Besser und auch mehr im Sinne des Artenschutzabkommens ist es, auf Bänder aus exotischem Tierleder (oder dessen Imitate) dann zu verzichten, wenn sie stilistisch und historisch ohnehin unangebracht sind. Damit würde sich ihre Verwendung schon erheblich reduzieren. Mein Votum ist also: Verwenden Sie häufiger die, mit dicken Steppnähten sehr dekorativen, Bänder aus glattem Kalbs- oder Schweinsleder. Leider ist bei diesen die Auswahl an geschmackvollen Bändern nicht optimal, immer noch viel geringer als bei den exotischen Lederarten. Das kann sich bei größerer Nachfrage aber ändern.

Noch immer nicht voll befriedigend gelöst ist das Problem eines nichtmetallischen, adäquaten Armbandes für eine wirklich wasserdichte Uhr. Denn Lederbänder sind nicht so wasserfest, daß man mit ihnen ins Wasser gehen könnte, was diese Uhren ermöglichen. Das gilt auch für angeblich wasserfest imprägnierte oder für solche, bei denen das Material die absolute Wasserfestigkeit suggeriert, zum Beispiel solche aus Haifischleder. Und wasserfeste Plastikbänder sind nicht jedermanns Geschmack. So bleiben die Möglichkeiten der wasserdichten Uhr ungenutzt, es sei denn, man wählt ein Metallband.

Metallbänder in Scheren- oder Kettenform, mit dehnbaren Einzelgliedern und, besonders bei Damenarmbanduhren, als juwelenbesetzte Schmuck-

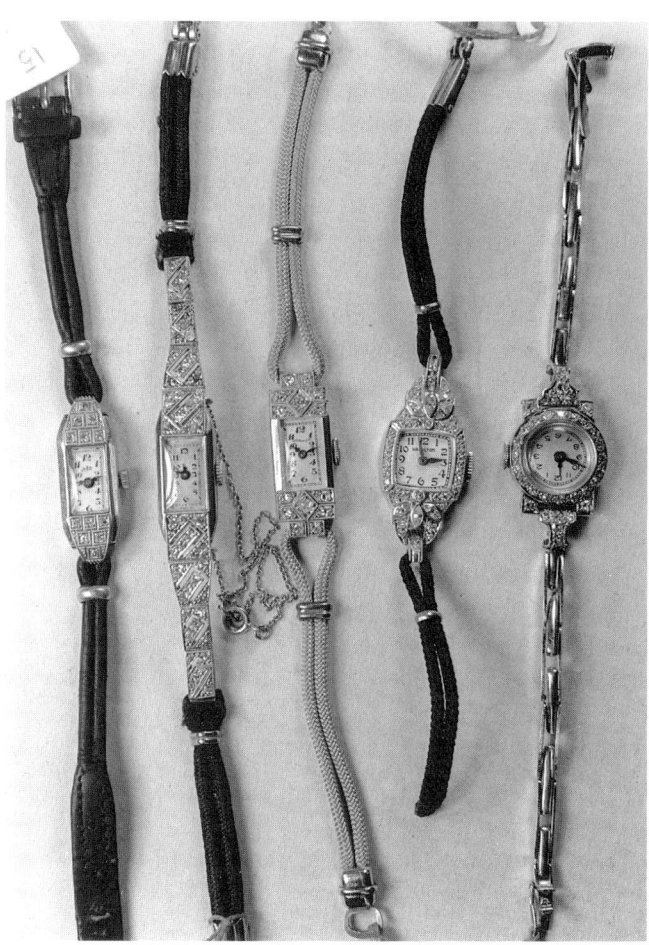

86 Weißgold-Damenarmbanduhren
mit Leder-, Stoff- oder Metallarmbän-
dern, zwanziger Jahre.

bänder, waren schon um 1900 häufig anzutreffen, wurden dann aber von dem
angenehmer zu tragenden Leder- oder bei Damenuhren Stoffband verdrängt.
Nach dem Zweiten Weltkrieg kamen dehnbare Metallbänder aus einem Stück und
ohne Verschluß in großem Umfang auf den Markt, die wie die Lederbänder an den
Stegen zwischen den beiden Hörnern des Gehäuses befestigt wurden. Ihre Namen
wie »Elastofixo«, »Fixoflex« oder »Expandro« standen für den fixen Wiederauf-
bau-Menschen der fünfziger Jahre, und damit für ein Stück deutsche Nachkriegsge-

schichte. Die Lebensdauer dieser Bänder war allerdings nicht sehr groß; ihre harten Kanten machten die Manschetten (der damals ebenso modernen Nyltest-Hemden) schnell kaputt, ihre dünne Goldauflage schliff sich bald ab und die Federn zwischen den einzelnen Gliedern ermüdeten, womit das Band wertlos wurde. Sofern eines dieser Bänder aus den fünfziger Jahren noch an einer Uhr befestigt ist, hat es wohl ausgedient und sollte ersetzt werden.

Unverwüstlich sind dagegen die klassischen Metallgliederbänder aus Stahl, Gold oder Platin entsprechend dem Gehäusematerial. Sie sind in den besseren Ausführungen sehr feingliedrig, nicht selten mit rollenförmigen Gliedern, und damit sehr geschmeidig und gut zu tragen. Da sie nicht dehnbar sind, haben sie einen verstellbaren, sicheren Klappverschluß. Zur Anpassung an den Handgelenkumfang lassen sich außerdem einzelne Glieder durch Lösen einer Schraube sehr einfach entfernen oder dazwischensetzen.

Das Gehäuse, Material

Etwas intensiver sollte dann die Prüfung des Metallgehäuses sein. Bei Armbanduhrgehäusen gibt es eine große Zahl verschiedener Formen, die uns hier aber nicht interessieren sollen, und Verschlußarten, die uns später interessieren werden. Die Gehäuse können aus vielen verschiedenen Materialien oder deren Kombinationen bestehen.

Beim Gehäusematerial gibt es zwei grundsätzliche Unterschiede: entweder die monometallischen aus nichtedlem Metall – Edelstahl, auch in Legierungen wie zum Beispiel Staybrite, Nickel oder Neusilber – oder aus einem Edelmetall wie Silber, Gold oder Platin in unterschiedlichen Feinheitsgraden.

Dann gibt es die mehrschichtigen Gehäuse, bei denen ein Trägermetall wie Stahl, Messing, oder aus einer Legierung wie Neusilber oder Tombak bestehend, mit einer dünnen Edelmetallschicht aus Silber, Gold oder Platin beschichtet wird. Für diese Beschichtung gibt es verschiedene Verfahren mit unterschiedlichen Qualitäten.

Das einfachste und billigste ist der galvanische Überzug, wobei ein fertiges Gehäuse aus einem Grundmetall in einem elektrolytischen Bad beschichtet wird. Die Edelmetallauflage ist meist sehr dünn, unter 10 Mikron (1 Mikron = $^{1}/_{1000}$ mm) stark. Dieses Verfahren wird nur bei billigen Gehäusen angewendet, bei Werksvergoldungen kommt es häufiger vor. Als »Plaqué« werden galvanische Überzüge mit etwas dickerer Edelmetallauflage bezeichnet. Häufig wird die Dicke der Edelmetallauflage angegeben. Bei »Doublé« oder »Walzgold-Doublé« (englisch »Plated«) wird eine dünne Goldplatte einseitig auf eine Grundmetallplatte aufgeschweißt (plattiert) und aufgewalzt und aus diesem Material anschließend das

Gehäuse geformt, das dann meistens noch einmal galvanisch beschichtet wird. Die Dicke der Edelmetallauflage wird meist angegeben. Normale Golddoublé-Gehäuse haben eine Auflage von 20 Mikron ($^2/_{100}$ mm). Beim Goldmantelgehäuse (englisch »goldfilled«) wird auf beiden Seiten einer Grundmetallplatte je eine noch dickere Goldplatte aufgeschweißt und -gewalzt. Bei diesen Gehäusen, die in den USA sehr häufig hergestellt wurden, wird nicht die Dicke der Goldauflage angegeben, sondern der Goldfeingehalt (zum Beispiel »14 K Goldfilled«). Zeitweise wurden Armbanduhrgehäuse auch verchromt, das heißt, elektrolytisch mit einer dünnen Chromschicht überzogen. Chrom, ein sehr hartes und temperaturbeständiges Weißmetall, schützt gut vor Abnutzung und Oxidation. Dennoch waren Verchromungen bei Armbanduhrgehäusen nicht sehr dauerhaft; sie wurden spröde und rissig oder lösten sich vom Grundmetall.

Stellt man einmal eine Wertskala für Armbanduhrgehäuse nach dem Materialwert auf, dann sieht die folgendermaßen aus: Platin, Gold, Edelstahl, Silber, Goldfilled, Doublé, verchromt.

Man wird sich wundern, daß Edelstahl vor Silber rangiert. Das kommt daher, daß silberne Gehäuse für Armbanduhren nicht sehr beliebt waren, weil sie oxidierten. Sie wurden daher nur selten, nach 1945 kaum mehr, hergestellt. Ein Silbergehäuse wird daher auf dem Altuhrenmarkt nur wegen dieser Seltenheit einmal teurer sein als ein Edelstahlgehäuse. Das Edelstahlgehäuse wird von Sammlern aus Gründen des Understatement häufig sogar dem Goldgehäuse vorgezogen. Das hat dazu geführt, daß bei manchen Modellen, etwa der beliebten Patek Philippe Calatrava, die Modelle im Stahlgehäuse kaum wesentlich preiswerter sind als die im Goldgehäuse. Obwohl das Goldgehäuse mit einem Feingehalt von 14 oder 18 Karat für eine gute Armbanduhr eigentlich die klassische Lösung darstellt.

Eine sehr häufige Gehäuselösung ist ein Boden aus Edelstahl und eine Lunette aus Golddoublé. In Katalogen wird diese Version gebräuchlicherweise als »Goldhaube« bezeichnet.

Ist ein monometallisches Gehäuse vom intensiven Gebrauch abgenutzt, mit Kratzern und Schrammen verunziert, so kann der Uhrmacher durch Polieren des ganzen Gehäuses Wunder wirken und, indem die Kratzer und späteren Unebenheiten weggeschliffen werden, ein wie neu aussehendes Gehäuse entstehen lassen. Nur: Auf diese Weise wird unvermeidbar Material der Gehäuseoberfläche abgetragen, das geht also nur dann gut, wenn die Gehäusewandungen vorher dick genug und die Kratzer nicht zu tief waren, und es geht nur wenige Male. Außerdem werden mit diesem Materialabtrag auch die vorher scharfen Gehäusekanten abgeschliffen und daher gerundet und undeutlich, und die außen auf dem Rückdeckel eingeprägten Stempel werden ebenfalls abgeschliffen (Abb. 87–89). Sehen Sie sich also besonders ein gut erhalten erscheinendes Gehäuse daraufhin an, ob die Kanten scharf und die Stempel – Gehäuse- und Referenznummer, Angaben zum Gehäusematerial, Feingehaltsstempel und Hinweise auf Gehäuseeigenschaften wie waterproof oder antimagnetic können hier stehen – deutlich, scharfkantig und gleichmäßig tief sind. Wenn hier Unregelmäßigkeiten auffallen, manche Zahl kaum mehr lesbar ist, besonders die am Rand, vielleicht die ganze Inschrift nur noch ganz flach und hauchzart zu erahnen ist, dann wissen Sie, daß die Uhr intensiv gebraucht ist und ein oder mehrmals durch Abschleifen und Aufpolieren »geschönt« wurde.

Die Reparatursignaturen sowie der Zustand des Werkes werden dann weitere Auskünfte über die Intensität der Nutzung geben, denn zum Beispiel Kratzer und Abschliff auf den Platinen lassen sich nicht so einfach beseitigen.

Bei den mehrschichtigen Plaqué-, Doublé- und Goldfilled-Gehäusen führt intensiver Gebrauch dazu, daß an Kanten und exponierten Stellen wie den Hörnern die dünne Edelmetallauflage abgerieben wird und das stumpfe und unattraktive Trägermetall sichtbar wird. An den Kanten kann die Auflage auch in größeren Stückchen abblättern. Derart beschädigte Gehäuse sehen schlecht aus und führen zu erheblichen Preisverlusten. Verständlich daher, daß versucht wird, diese Schäden zu beseitigen. Das ist aber schwieriger als bei den monometallischen Gehäusen.

Eine Möglichkeit besteht darin, die Kanten der abgeblätterten oder abgeriebenen Stellen soweit abzuschleifen, daß keine Übergänge mehr sichtbar sind, und dann das ganze Gehäuse galvanisch überzuvergolden. Wenn der Uhrmacher das nicht selbst kann, sollte man sich an eine galvanische Anstalt wenden, der man aber das nackte Gehäuse ohne Glas und Werk und Armband einliefern muß. Dieses galvanische Nachvergolden wird auch bei Goldgehäusen gemacht, deren Wandungen zu dünn sind, um sie ausreichend abschleifen zu können, oder zur Unterstützung des Abschleifens.

Bei den Doublégehäusen kann man mit etwas Übung die Nachvergoldung unter der Lupe häufig erkennen, weil sie ja in gleichmäßiger Dicke unterschiedslos auf Stellen mit erhaltener, alter Vergoldung wie auf abgeschliffene Stellen erfolgt, das heißt der relative Unterschied der Materialdicke bleibt immer erhalten. Man achte also bei Doublégehäusen auf Oberflächenvertiefungen trotz perfekt glatter Oberfläche und auf Grate oder Stufen in den Flächen in der Nähe der Gehäusekanten (Abb. 90–92).

Eine bessere, aber sehr arbeitsintensive Alternative ist, die Goldauflage vollständig vom Gehäuse abzuschleifen, bevor man es nachvergoldet. Dabei werden allerdings, wie beim monometallischen Gehäuse, alle Kanten und Inschriften runder und undeutlicher. Sonst werden Stempel und Inschriften beim Nachvergolden nicht nur flacher wie beim Abschleifen, sondern auch schmaler, da die neue Goldschicht auch die Vertiefungen auskleidet, und die vorher prägescharfen Kanten werden ebenfalls abgerundet.

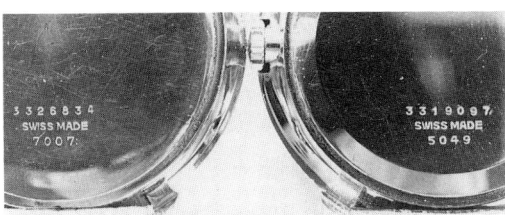

87/88 Zwei Gehäuse
von Mido-Armbanduh-
ren: linkes Gehäuse schon
mehrfach abgeschliffen,
rechtes Gehäuse noch im
Originalzustand.

89 Mehrfach abgeschlif-
fenes Rolex-Gehäuse mit
undeutlichen Zeichen.

90/91 Abgeschabter
Teil (oben) und abge-
schabte Kante am Horn
eines Doublégehäuses.

92 Nachträgliche Vergoldung einer abgeschab-
ten Doublékante.

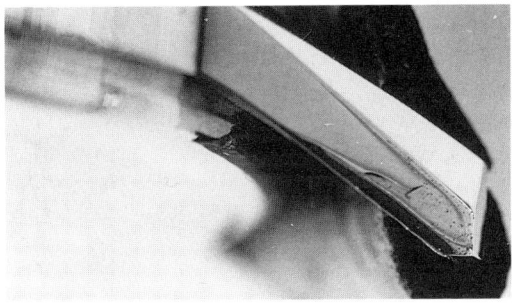

Das Gehäuse, Öffnen

Nach dieser äußeren Inspektion sollte man unbedingt das Gehäuse öffnen lassen, um die Prüfung auf die Innenseite des Gehäusedeckels und auf das Werk auszudehnen.

Dieses Öffnen des Gehäuses ist ein Kapitel für sich. Denn es gibt eine Vielzahl von Gehäusekonstruktionen mit vielen Möglichkeiten des Öffnens, so daß man, um die meisten von ihnen öffnen zu können, einige Erfahrung mitbringen muß.

Bei rechteckigen Armbanduhren hat sich das zweiteilige Gehäuse mit dem in das Bodenstück eingesetzten Werk durchgesetzt. Dieses Bodenstück kann entweder ganz abgenommen werden oder es ist (überwiegend in den dreißiger Jahren) mit einem Scharnier am vorderen Glasteil befestigt. Das komplette Werk muß bei diesen Rechteckuhren zur Besichtigung aus dem Bodenstück herausgenommen werden, da von oben nur das Zifferblatt sichtbar ist. Sitzt das Werk etwas stramm im Bodenstück, so ist man verführt, es an der sich dafür geradezu anbietenden Aufzugskrone herauszuhebeln. Diesen Mißbrauch als Hebel wird die Aufzugwelle eine Weile mitmachen, dann wird sie anfangen zu wackeln und schließlich ihre eigentliche Funktion, Aufzug und Zeigerstellung zu übertragen, stark einschränken oder aufgeben. Besser ist es, das Werk mit einem Schraubenzieher vorsichtig von allen Seiten gleichmäßig herauszuheben. Wasserdichte rechteckige Armbanduhren sind viel komplizierter zu öffnen (Abb. 97).

Bei den runden Gehäusen hat sich – nach dem dreiteiligen Typ mit vorderem Glasrand, Mittelteil mit den Hörnern für die Bandbefestigung und einem Bodenstück – besonders bei wasserdichten Uhren das zweiteilige Gehäuse durchgesetzt, bei dem Glasrand und Mittelteil aus einem Stück bestehen, in dem auch das Werk sitzt und auf welches der Boden entweder aufgesprengt oder alternativ dazu aufgeschraubt ist.

Die aufgesprengten Böden lassen sich meist problemlos mit dem Schalenmesser öffnen. Hier wäre höchstens zu beachten, daß der Boden wie bei Taschenuhren an einer Stelle eine Abflachung oder eine Lippe hat, in der man das Schalenmesser ansetzen kann. Diese Abflachung oder Lippe sollte beim Schließen des Deckels immer auf der der Krone gegenüberliegenden Seite des Gehäuses plaziert werden, damit auch der Nächste noch eine Chance hat, sein Schalenmesser anzusetzen. Ist diese Abflachung im Bodenrand einmal schwer zu finden, so hilft das Wissen, daß sie immer rechtwinklig zu den Inschriftstempeln im Boden sitzt.

Bei den verschraubten Böden wäre es ideal, den entsprechenden Spezialöffner zur Hand zu haben (siehe Abb. 93 – 97). Selten wird ihn aber jemand haben. Daher ist entweder ein sogenannter Universalöffner hilfreich, der immerhin für eine ganze Reihe von Konstruktionen verwendbar ist, oder ein Stempel mit einem weichen, rutschfesten Gummiboden, mit dem sich alle nicht ganz fest zugeschraubten Böden lösen lassen.

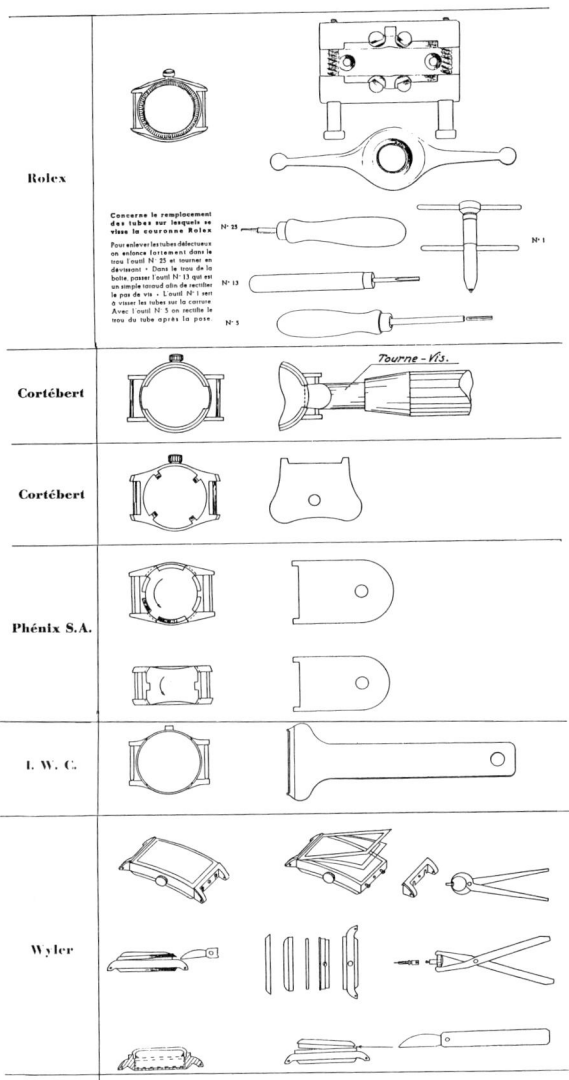

93–97   Systeme von wasserdichten Armbanduhrgehäusen, die von den erwähnten Fabrikanten angewendet werden (aus dem Journal Suisse d'Horlogerie, Hefte 7–10/1940).

RECTA	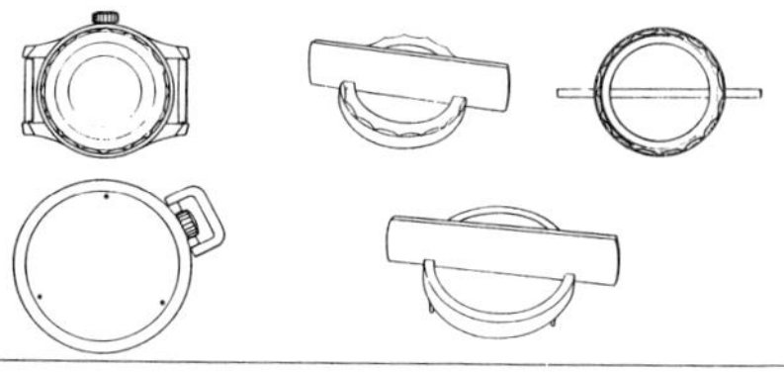
Tissot	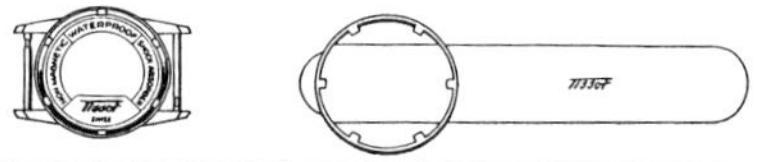
Tavannes Cyma	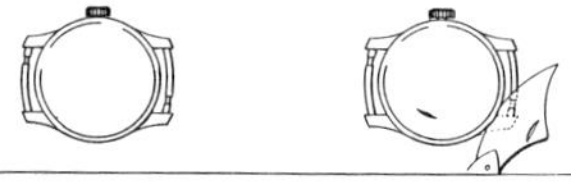
Tavannes Cyma	
Solvil	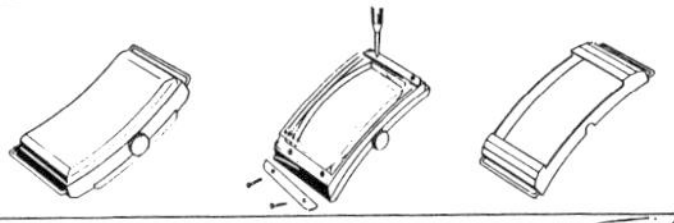
Helvetia	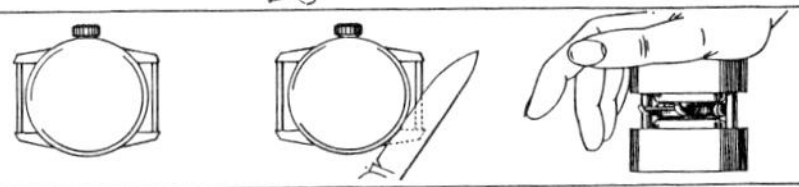
Wittnauer	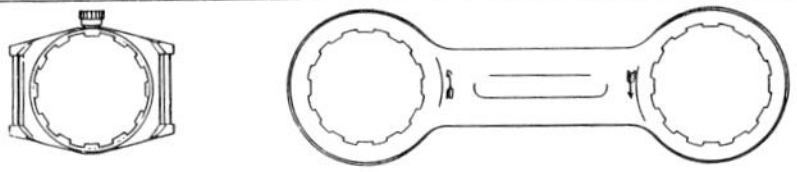
Alpina	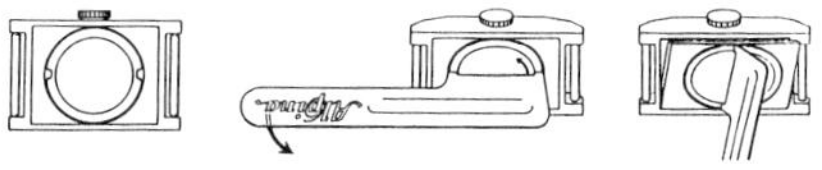
Pierce	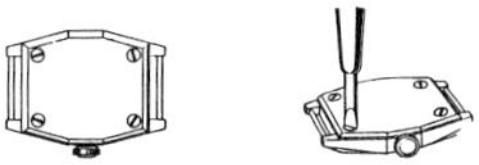

Chronographes · Chronographen · Chronographs · Cronógrafo

1135	
1136 breveté	

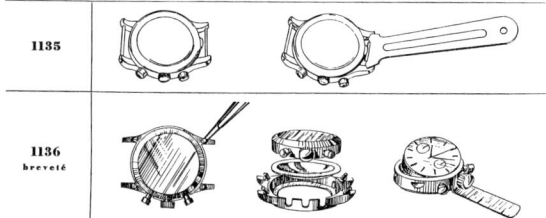

1001 brevete		
0312		
0312 V		
1004 brevete		
1005		
1006		
409 F		
1008 brevete		
1009 brevete fermet, à baïonnette ... de tour	fermée	
1010 brevete		
1011 Dimensions-Axsmaser Sizes		

1012		
1013		
1014		
1015		
1016		
1017 Brevet demandé		
50		avec bloc
109 V		
1020 breveté		
1021 brevet demandé		
1022		
1023		

1024 breveté	
444	
1026 breveté	
1027 breveté	
1028 breveté	
1029 breveté	
1030	
1031	
1032 breveté	BLOC DE MONTAGE
67	
1034 breveté	

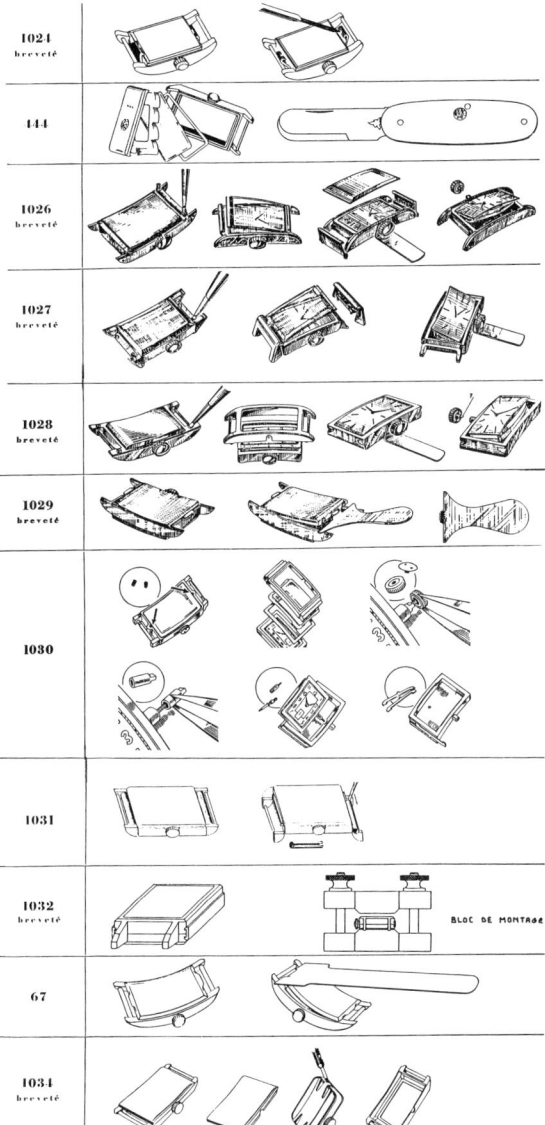

Es gibt immer wieder Händler, die sich ausgesprochen zieren, ein Gehäuse aufzumachen, oder sich sogar schlicht weigern. Da bekommt man dann zu hören, »das Werk ist tadellos in Ordnung, wozu wollen Sie das denn ansehen?« – oder: »ich habe kein Werkzeug zum Öffnen« – oder: »durch das viele Öffnen bekommt das Gehäuse Kratzer, und ich muß die Uhr dann billiger verkaufen. Wer ersetzt mir den Verlust, Sie etwa?« Diese Verweigerung einer Besichtigung des Werkes ist eigentlich eine Unverschämtheit. Kein Händler sollte einem Interessenten zumuten, etwas ohne die Möglichkeit der Prüfung zu kaufen, besonders bei den hohen Preisen für gute Sammler-Armbanduhren – es sei denn, er möchte gar nichts verkaufen. Wenn ein Händler das Öffnen eines Gehäuses verweigert, so sollten Sie davon ausgehen, daß er etwas verbergen will, etwas zu verbergen hat. Mit einem solchen Händler sollte man sich nicht einlassen, da das Risiko, betrogen zu werden, zu groß ist. Den Ausflüchten (»kein passendes Werkzeug«) kann man leicht begegnen, indem man das eigene Schalenmesser oder den Universalöffner aus der Tasche zieht und dem Händler freundlich zur Benutzung anbietet. Im übrigen hat ein kundenfreundlicher Händler die problematischen Schraubböden für Besichtigungen nur mit leichtem Druck zugedreht, so daß sie sich mit flachem Zeige- und Mittelfinger oder dem Gummistempel aufdrehen lassen, und aufgesprengte Böden sind, wie gesagt, für ein scharfes Schalenmesser und einen halbwegs geschickten Menschen ohnehin kein Problem.

Das Gehäuse, Uhrmacherzeichen

Im Rückdeckel von Armbanduhrgehäusen gibt es zwei Arten von Zeichen: einmal die Stempel des Uhren- und Gehäuseherstellers, und dann die eingeritzten Zeichen von Uhrmachern, die sich an der Uhr zu schaffen gemacht haben.

Wir wollen uns zunächst mit letzteren beschäftigen, und zwar ausführlicher als gewöhnlich. Diese Reparaturzeichen (Abb. 98) sind von Uhrenforschern bisher wenig oder gar nicht beachtet worden; sie haben keinen oder nur einen geringen Stellenwert in der Forschung, sind es doch nur die gekürzten und häufig unverständlichen Zeichen der reparierenden Handwerker. Wenn sie überhaupt einmal erwähnt werden, dann sehr kurz und mit Begründungen wie »...um ungerechtfertigten Gewährleistungsansprüchen später entgegentreten zu können« (Kahlert / Mühe / Brunner S. 124). Ein Satz, unter dem ich mir lange Zeit nichts vorstellen konnte. Oder es wird lediglich ihre Anzahl, nicht aber ihr Inhalt, zur Abschätzung der Gebrauchsdauer der Uhr herangezogen.

Zum Nachteil dieser Reparaturzeichen – als Gegenstand der Forschung – muß man sagen, daß es keine allgemein verbindlichen Regeln und auch keine Kennzeichnungspflicht gab. Die Zeichen sind daher nur begrenzt deutbar,

zuverlässig und aussagefähig. Viele Uhrmacher hatten ihr selbst erfundenes Be-
zeichnungssystem, das nur sie allein entziffern konnten, auf dem flachen Land
waren diese Zeichen nicht üblich, und über Ländergrenzen hinweg gab es ohnehin
andere Abkürzungssysteme. So gibt es durchaus Armbanduhren mit erheblichen
Gebrauchsspuren, die überhaupt kein Uhrmacherzeichen haben, und es gibt
perfekt erhaltene, wie neu wirkende, die deren vier oder fünf haben.

Letzterer Fall ist nicht selten auch auf das Verhalten der Herstellerfirmen zurückzuführen. Die Firma Omega zum Beispiel gab ihren Kunden eine
Zeitlang den Rat, ihre Uhr jedes Jahr überholen zu lassen. Und viele Uhrenbesitzer
taten dies auch brav, nicht wissend, daß dieser Rat einer etwas übertriebenen und
dadurch schon fast schädlichen Fürsorge entsprang. Denn eine moderne, staub-
und wasserdicht verschraubte Armbanduhr, wie es Omegas Modelle in dieser Zeit
überwiegend waren, wird innerhalb eines Jahres nicht etwa durch eingedrungenen
Schmutz oder verdicktes Öl Schaden nehmen, sondern viel eher durch die Folgen
dieses ständigen Öffnens, Zerlegens und Zusammenbauens. Aber auf diese Weise
kann eine Armbanduhr, die nur vier oder fünf Jahre getragen, und dann vielleicht
zugunsten einer noch moderneren Stimmgabel- oder Quarzuhr beiseite gelegt
wurde, und die bei einer schonenden Behandlung in diesen wenigen Jahren noch in
einem sehr guten Erhaltungszustand sein wird, zu der relativ großen Zahl von vier
bis fünf Uhrmacherzeichen kommen. Die schiere Anzahl dieser Zeichen in einem
Gehäusedeckel muß also nichts über das Alter der Uhr und über die Länge der
Zeit aussagen, die sie getragen wurde. Sie sagt nur etwas über die Häufigkeit von
Reparaturen und Überholungen aus.

Beschäftigt man sich etwas näher mit diesen Zeichen, so ist es oft
möglich, sehr viel weiter gehende und so präzise wie interessante Auskünfte über
das Schicksal einer Uhr zu erhalten. Es gibt zwei grundsätzlich verschiedene Arten
von Uhrmacherzeichen. Die eine besteht aus dem Datum einer Reparatur, häufig
kombiniert mit einem Buchstaben als Namenskürzel des Uhrmachers, manchmal
mit einer weiteren Zahl zwischen 1 und 4. Auf diese Weise signieren Uhrmacher,
die kein Reparaturbuch führen. Eine andere Art von Reparaturzeichen benutzen
Uhrmacher, die ein Reparaturbuch führen. In dieses Buch werden unter einer
fortlaufenden Nummer die Daten über die Uhr, die Reparatur und den Besitzer
eingetragen und nur diese Reparaturnummer, oft mit Uhrmacherinitialen kombiniert, wird in den Gehäuseboden eingeritzt.

Befassen wir uns zunächst mit der ersten Art der Zeichen. Die
zusätzliche Zahl zwischen 1 und 4 bezeichnet bestimmte, häufig wiederkehrende
Arbeiten: 1 steht für Gesamtüberholung, 2 für Erneuerung der Unruhwelle, 3 für
eine neue Aufzugwelle, eventuell auch eine neue Krone und 4 für eine neue
Zugfeder. Manche Uhrmacher führen diese Zahlenfolge für andere Arbeiten
weiter, und wieder andere benutzen Buchstaben oder andere Zeichen zur
Bezeichnung der Arbeiten. Zum Beispiel A für eine neue Aufzugwelle, U für
Unruhwelle, F für neue Feder, ein Häkchen (√) für eine Gesamtüberholung, WW für
Werkwechsel und ein bis drei Kreuze (+++) für nicht mehr reparable Uhren.

Letzteres Zeichen erkennen nicht alle Uhrmacher an, denn es ist subjektiv, da abhängig von den Fähigkeiten des jeweiligen Uhrmachers. Weitere Informationen über Reparaturen werden häufig auf die Rückseite des Zifferblattes geschrieben.

Es gibt sicher noch weitere Abkürzungen und Zeichen, und mancher Uhrmacher hatte wie gesagt sein eigenes System, das nur er entziffern konnte. Aber die eben genannten Systeme haben in Deutschland doch eine gewisse Verbreitung erlangt, so daß man ihnen häufiger begegnen kann.

So bedeutet etwa das Zeichen: M 3.88.1.3, der Uhrmachermeister M hat diese Uhr im März 1988 insgesamt überholt und eine neue Aufzugswelle eingebaut.

Eine Omega des Kalibers 30 T2 Rg hat diese Folge von Zeichen (Abb. 98): 12.50 G / 6.53 / 10.54 G / 4.57 G / 1.65 G / 1.70 G / 223715 / 6.79 m. Also eine Folge von sechs Signaturen desselben Uhrmachers vom Dezember 1950, Juni 1953, Oktober 1954, April 1957, Januar 1965 und Januar 1970. Dann von einem anderen Uhrmacher der 22. März 1971 und die Zahl 5 und zuletzt Juni 1979 und Uhrmacher m. Aufgrund dieser Zeichen allein hätte ich die Entstehung dieser Uhr in die Jahre 1948/49 datiert; tatsächlich zeigt ihre Werknummer eine Entstehung im Jahre 1949. Bemerkenswert ist die kontinuierliche Betreuung über 20 Jahre zwischen 1950 und 1970 durch denselben Uhrmacher G. Die Zeichen enden nach einem längeren Intervall mit dem Jahre 1979. Diese 1949 hergestellte Uhr ist also vermutlich über 30 Jahre, mindestens aber 22 Jahre, kontinuierlich getragen worden, wie die Reparaturzeichen uns sagen. Ein gewisser Unsicherheitsfaktor ist lediglich das etwas sehr lange Intervall zwischen 1971 und 1979. Und diese lange Tragezeit sieht man der Uhr nicht an. Sie muß sehr gut gepflegt worden sein und hat immer noch einen ausgezeichneten Gang (siehe v. Osterhausen 1990, Abb. 144).

Oder nehmen wir eine andere Armbanduhr, eine Jaeger-Le Coultre Kaliber 481 mit einseitiger Hammerautomatik und digitaler Gangreserveanzeige, aufgrund dieser Merkmale in die Zeit um 1950 zu datieren. Sie hat folgende Zeichen: 5458 g / 970 CK / FL 2578 / 5-JD-9-85.

Also: Uhrmacher g am 5. April 1958, Uhrmacher CK im September 1970, Uhrmacher FL am 2. Mai 1978, und schließlich Uhrmacher JD am 5. September 1985. Sehr »faule«, große, aber dennoch kontinuierliche Überholungsintervalle von acht bis zehn Jahren, nach denen die Uhr etwa um 1950 entstanden sein dürfte und eine Tragezeit von ebenfalls rund 30 Jahren hatte.

Diese datierten Uhrmacherzeichen können also sehr hilfreich sein zur Datierung einer Uhr, wenn dies über Werknummer und Kaliberbezeichnung nicht möglich ist, zur Unterstützung einer Datierung über Stil- oder Konstruktionsmerkmale, sowie zur Ermittlung der ungefähren Tragezeit einer Uhr. Letzteres ist wichtig zur Abschätzung der nicht so ohne weiteres sichtbaren Abnutzungsspuren etwa an den Zapfen der Räderwellen oder an Anker und Ankerrad, die für den guten Gang einer Armbanduhr von erheblicher Bedeutung sind und sich nicht so ohne weiteres beheben lassen.

Natürlich läßt sich längst nicht jede Armbanduhr anhand ihrer Uhrmacherzeichen so gut datieren und dokumentieren wie die beiden eben genannten

98 Deckel einer Arm-
banduhr von Omega mit
Uhrmacherzeichen.

Beispiele, bei denen ich übrigens aufgrund der vermutlich langen Tragezeit von rund 30 Jahren nicht die guten Gangleistungen erwartet hätte, die sie tatsächlich heute noch erbringen. Aber auch nicht jede Uhr ist mit Herstellernamen, Werk-, Kaliber- und Referenznummer vollständig versehen und damit eindeutig identifizierbar, ohne daß häufiges Fehlen den Wert dieser Herstellerdaten schmälern könnte.

Die zweite Art von Zeichen, nämlich diejenigen von Uhrmachern, die ein Reparaturbuch führen und nur ihre Reparaturnummer in die Uhr einritzen, ist im nachhinein für einen Fremden, der das Reparaturbuch nicht besitzt, inhaltlich nicht mehr zu deuten.

Hat ein Uhrmacher in der Uhr nur eine Feder ersetzt und der Kunde kommt vier Wochen später und reklamiert die Reparatur mit der Begründung, die Uhr liefe nun nicht mehr, so kann der Uhrmacher nach einem Blick ins Reparaturbuch ihm entgegenhalten, daß seine Reparatur gar nichts mit dem Gang der Uhr zu tun hatte. Eine solche Situation ist mit dem vorhin zitierten Satz »... um ungerechtfertigten Gewährleistungsansprüchen...« gemeint.

Wenn ein Uhrmacher mit dem kompletten Datum einschließlich des Wochentages signiert, so führt er sehr wahrscheinlich ein Reparaturbuch ohne Nummern und findet seine Eintragungen unter dem jeweiligen Wochentag. In einem Armbandchronometer von Ulysse Nardin zum Beispiel fand sich diese Folge von Uhrmacherzeichen: 11 – 4 – 58 – 0/ 11860 HH/ 20663 HH/ 11864 HH. Also 11. April 1958 und dann vom selben Uhrmacher HH 11. August 1960, 20. Juni 1963 und 11. August 1964.

Bei einer Rolex Oyster aus dem Jahre 1945 fanden sich folgende Zeichen: D 259794/ D 277014/ D 314864. Solche langen Zahlen deuten auf eine größere Uhrmacherwerkstatt hin mit mehreren Mitarbeitern, in welcher die Zahl sich zusammensetzt aus der Reparaturnummer und einer Codenummer für den angestellten Mitarbeiter, der die Reparatur durchgeführt hat.

Diese Art von Zeichen mit einer Reparaturnummer läßt sich, wie schon gesagt, von einem Dritten nicht entziffern, wie es bei der ersten Art möglich ist. Bei diesen kann man höchstens aus der Anzahl der Zeichen gewisse Rückschlüsse ziehen – mit der nötigen Vorsicht, wie wir schon sahen. Und man kann, wie bei den zwei letzten Beispielen, aus der häufigen Folge desselben Kürzels (H beziehungsweise D) auf eine kontinuierliche Betreuung der Uhr durch eine einzige Werkstatt über einen längeren Zeitraum schließen.

Anschließend sollen, zur Verbreiterung der Daten- und Anschauungsbasis, die Uhrmacherzeichen einiger weiterer Armbanduhren mit ihren Deutungsversuchen wiedergegeben werden.

Bucherer Kaliber Felsa 1560, um 1953: N 375 K / G 6121 M / 534329.
(Meister N März 1975, K? / 2 Reparaturnummern).

Movado Kaliber 150 MN, vierziger Jahre: 7022 / R 1 62 / 72 186 / 73 545 / 73 554 / 86 428 / T-28-11-944 / T-46-6-943 / FD 757 / $\frac{AE}{1-62}$

(8 Reparaturnummern, davon die 4 fünfstelligen und die beiden mit T beginnenden vom gleichen Uhrmacher / Meister FD Juli 1957 / Meister AE Januar 1962).

Movado Kingmatic, fünfziger Jahre: M 8053 / xxx 4-1-5 / xxx 4-70 / C 540/9 / T 22 969 D

(4 Reparaturnummern, die zweite und dritte zusammengehörend / Meister T 22. September 1969 D?).

Omega Constellation Kaliber 354, um 1954: 4725 KF / 31 v 4974
(April 1972, 5? Meister KF / ? 4. September 1974).

Omega Seamaster Kaliber 354, um 1953: 24-1161 H / 1 43 416 C / 1-3390 HB / 4012 HB / 1-3844 & / 1732 $\frac{ER}{SB}$

(24. November 1961 Meister H / 5 Reparaturnummern, davon 4 vermutlich vom selben Uhrmacher).

Omega Constellation Kaliber 501, 1956/57: 12-4-61 N / R 19 473 B
(12. April 1961 Meister N / 19. April 1973 Meister RB?).

Rolex Oyster Ref. 4220, 1942/43: C 446 / 1497 / Z-6 B 4260
(Meister C April 1946 / Januar 1949 7? / ? Meister B 4. Februar 1960).

Rolex Oyster Perpetual Ref. 6593, ca. 1950: 28 714 D / 17 732 R / 29 847 D / 15 891

(2. August 1971 neue Zugfeder Meister D / 1. Juli 1973 neue Unruhwelle Meister R / 2. September 1984 7? wieder Meister D / 1. Mai 1989 Gesamtüberholung).

Vacheron & Constantin Chronomètre Royal von 1956: DC 3 648 980 / B 879 N / 481 / 389 / 000 151

(Reparaturnummer / Meister BN ? August 1979 / April 1981 / März 1989 / Reparaturnummer).

Wittnauer um 1950: 10 830 A / 5.5.53-30 G / S/54 / ◇ / 11/55-34 G / 4-27-57-9 / 8-23-58-4 / 1-698

(Reparaturnummer / 5. Mai 1953 30? Meister G / Reparaturnummer / November 1955 34? derselbe Meister G / 27. April 1957 in amerikanischer Schreibweise 9? / ebenso 23. August 1958 4? / Reparaturnummer).

Das Gehäuse, Herstellerstempel

Nun zu der anderen Art von Zeichen im Gehäuseboden. Sie sind viel deutlicher und regelmäßiger als die eingeritzten Uhrmacherzeichen, da sie in Form von Stempeln während der Herstellung des Gehäuses angebracht wurden, und sie enthalten Angaben über die Hersteller von Werk und Gehäuse, über die Beschaffenheit des Gehäusematerials und den Uhrentyp. Die Kenntnis und die Möglichkeit der Deutung dieser häufig als Bildmarken gestalteten Stempel ist für den Sammler von einiger Bedeutung, um die Uhr datieren, um Fälschungen, Modifikationen oder Transformationen (zum Beispiel den Umbau älterer Damentaschenuhrgehäuse zu Armbanduhrgehäusen) erkennen zu können. Allerdings wird ein geschickter Fälscher auch diese Stempel fälschen können; dieses Thema wird uns anschließend noch beschäftigen.

Unter den angegebenen Stempeln fehlen solche aus den USA, denn dort gab es keine einheitlichen Bildmarken und auch keine staatlichen Garantiepunzen für einen Mindestfeingehalt bei Edelmetall wie in einigen mitteleuropäischen Ländern. Jede Firma hatte ihre eigene Bezeichnung, die ausgeschrieben und insofern eindeutig war: »warranted 14 K U.S. Assay« oder »18 K solid gold«, oder nur der Feingehalt in Verbindung mit dem Firmennamen.

99   Herrenarmbanduhr von Patek Philippe, Genf, mit Platingehäuse, Werk- und Rückdeckelansicht mit Stempeln des Herstellers.

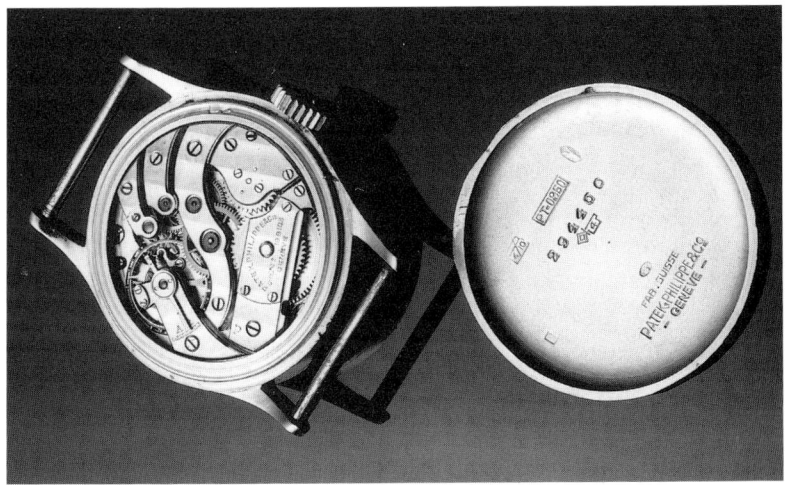

Englische Armbanduhrgehäuse sind derart selten, daß auf eine Darstellung des schon im Mittelalter entwickelten, ausgefeilten Systems der Edelmetall-Punzierung für in England hergestellte Edelmetallartikel hier verzichtet werden kann. Gerade die englischen Jahresmarken (date letter), für welche seit 1478 bis heute jedes Jahr eine neue Buchstabenform verwendet wird, sind für eine genaue Datierung sehr hilfreich, da absolut zuverlässig und im Taschenuhrenbereich daher sehr willkommen. Interessant sind von den englischen Stempeln hier lediglich die für Importware (S. 113) bestimmten. Nach England importierte Uhrgehäuse aus Edelmetall erhielten einen Garantiestempel der jeweiligen Stadt und einen Feingehaltstempel. Zusätzlich zu diesen Stempeln können diejenigen des Exportlandes angebracht sein. Dann läßt sich sehr gut Herkunfts- und Bestimmungsland beziehungsweise -ort feststellen. Die abgebildeten Stempel waren bis 1975 in Gebrauch und sind es größtenteils heute noch. Etwas geändert wurde nur die äußere Form der Feingehaltstempel, und 1975 neu hinzugekommen sind Platinstempel in London und Birmingham, die sich nur in der Umrandung (dachförmige obere Endigung) von den anderen Stempeln dieser Städte unterscheiden. Die 9 Karat Gold ($^{375}/_{1000}$) werden in den anderen mitteleuropäischen Ländern wegen des geringen, nur ein Drittel betragenden Goldgehaltes nicht als Gold anerkannt. Manche Uhrmacher bezeichnen sie abschätzig als Kupfergehäuse mit Goldanteil.

Bei den mehrschichtigen Gehäusen (Plaqué, Doublé, Goldfilled) kann auf eine bildliche Darstellung verzichtet werden, denn die Herstellungsart, die Dicke der Edelmetallauflage oder der Feingehalt der Auflage sind hier immer ausgeschrieben und daher eindeutig zu entnehmen, etwa »14 K Goldfilled«, »20 Mikron« oder »Plaqué or 20 microns«. Das gleiche gilt für monometallische Gehäuse aus unedlen Metallen: »Edelstahl«, »stainless steel«, »Staybrite« oder »Acier inoxydable« sind hier, je nach Herkunftsland, die gängigen Bezeichnungen.

Die Edelmetalle Silber und Gold sind in chemisch reinem Zustand so weich und dehnbar, daß sie für strapazierte Gegenstände wie Uhrgehäuse nicht rein verwendet werden können. Sie müsen daher mit härteren Metallen vermischt (legiert) werden. Silber wird mit Kupfer legiert. Das Mischungsverhältnis wird dabei in Tausendsteln angegeben: das in England hauptsächlich verwendete Sterlingsilber hat einen Silbergehalt von $^{925}/_{1000}$ und einen Kupfergehalt von $^{75}/_{1000}$. Es ist also reiner, aber auch weicher als das in Deutschland häufige 800er Silber mit einem Silber-/Kupferverhältnis von $^{800}/_{1000}$ zu $^{200}/_{1000}$. Um die früher bei Taschenuhrgehäusen gelegentlich verwendeten Silberlegierungen Niello oder Tula zu erhalten, mußte der Silber-/Kupferlegierung noch Blei und Schwefel zugesetzt werden.

Dem reinen Gold werden als Legierungsmetalle außer Kupfer auch Silber, Nickel, Zink, Cadmium, Palladium oder Eisen zugesetzt. Die Zusammensetzung bestimmt die Goldfarbe: bei Rotgold ist das Feingold nur mit Kupfer legiert, bei Gelbgold außer Kupfer auch mit Silber, bei Weißgold sind die Legierungsmetalle Palladium oder Nickel und Zink. Bei Gold wird das Mischungsverhältnis in Karat oder ebenfalls in Tausendsteln angegeben. Dabei ist ein Karat der 24. Teil eines Kilos Feingold, also 1000 : 24 = 41,66 Gramm. Dies sind die gängigen Legierungen:

22 Karat Feingoldgehalt $^{916}/_{1000}$ Metallgehalt $^{84}/_{1000}$
18 Karat Feingoldgehalt $^{750}/_{1000}$ Metallgehalt $^{250}/_{1000}$
14 Karat Feingoldgehalt $^{585}/_{1000}$ Metallgehalt $^{415}/_{1000}$
 9 Karat Feingoldgehalt $^{375}/_{1000}$ Metallgehalt $^{625}/_{1000}$

Das im chemisch reinen Zustand sehr zähe, schwer zu bearbeitende und daher für Uhrgehäuse nur selten verwendete Platin wird international nur in der Legierung $^{950}/_{1000}$ Platin und $^{50}/_{1000}$ Legierungsmetall (das können sein: Silber, Kupfer, Iridium oder Palladium) verwendet.

Die Garantie eines bestimmten Mindest-Edelmetallgehaltes in einer Legierung durch gesetzlichen Schutz (in Deutschland) oder sogar durch den Kontrollstempel eines staatlichen Amtes wie in Frankreich und der Schweiz, der wegen des hohen Wertes besonders bei Gold immer in Gefahr war, manipuliert zu werden, wurde – abgesehen von England, wo dies schon seit dem Jahre 1300 üblich war – in Frankreich 1847 eingeführt mit dem vom Materialprüfungsamt in Paris anzubringenden Adlerkopf (siehe S. 113). Es folgte das Deutsche Reich, wo ein 1884 erlassenes Gesetz vorschrieb, daß der Feingehalt in Uhrgehäusen in »Tausendtheilen« einzustempeln ist. Diesem Feingehaltstempel wurde bei Silbergehäusen die Reichskrone mit Halbmond, bei Goldgehäusen die Reichskrone mit Sonnenring beigefügt (S. 113). 1886 folgte die Schweiz mit ihrem System der staatlichen Kontrollstempel (S. 113/114), aus denen mit einem kleinen Buchstaben sogar der Ort der Stempelung zu entnehmen ist, der mit großer Wahrscheinlichkeit zugleich der Ort der Gehäuseherstellung war, was den Wert dieser Kontrollstempel für den heutigen Sammler erhöht.

Davon abgesehen kann man anhand der verschiedenen Stempel natürlich erkennen, aus welchem Land das Gehäuse kommt, und ob das Werk aus demselben Land stammt. Es gibt Gehäuse, die neben der deutschen Reichskrone einen oder mehrere Schweizer Stempel haben. Das sind Gehäuse aus Schweizer Fertigung für den deutschen Markt. Diese Kontrollstempel in Form von Bildmarken werden fast immer begleitet von einem Stempel mit der Angabe des Feingehaltes.

In Schweizer Uhrgehäusen findet man Stempel von Gehäusemachern in verschiedenen Formen (S. 114), die aber für den Sammler wenig aussagekräftig sind, weil sie nur eine Kennziffer enthalten, unter welcher der Stempel beim Schweizer Amt für geistiges Eigentum in Bern registriert ist. Damit weiß der Sammler aber nicht, wer der Gehäusehersteller war. In englischen, deutschen und amerikanischen Gehäusen punzierten die Gehäusemacher häufig mit ihren Initialen oder Namenskürzeln, so daß die Chance besteht, etwa über G. H. Baillies und B. Loomes' Uhrmacherlexikon (Watchmakers and Clockmakers of the World, London 1976 u. 1982, 2 Bände) oder über Jürgen Abelers »Meister der Uhrmacherkunst« (Wuppertal 1977) den Namen des Gehäusemachers ermitteln zu können.

Seltener findet man in Schweizer Gehäusen Stempel, welche die Stärke des Gehäusematerials bezeichnen (S. 114), die in Zehntel Millimetern angegeben ist. Sie waren wohl deshalb nicht sehr beliebt, weil sie direkte Rückschlüsse auf Dicke und damit Qualität des Gehäuses ermöglichten. Eine gängige, häufig vorgefundene Stärke für stabile und qualitätvolle Goldgehäuse ist $^1/_{10}$, also 0,4 mm.

Die bisherigen Stempel bezogen sich alle auf das Gehäuse selbst. Eine weitere Kategorie von ihnen besteht aus Angaben des Werkherstellers beziehungsweise des signierenden Termineurs (Fertigstellers) der gesamten Uhr. Dies sind einmal dessen Bildmarke (einige Beispiele siehe S. 114), häufig begleitet von einem Schriftzug mit dem Herstellernamen. Dann folgt bei renommierten Herstellern eine Referenznummer, manchmal mit der Abkürzung »Ref.« direkt als solche bezeichnet, was aber selten ist. Sie kennzeichnet ein bestimmtes Uhrenmodell, also eine bestimmte Kombination aus Gehäuse und Werk, und sie ist, wenn nicht extra als solche bezeichnet, von der meist darunter stehenden Gehäusenummer dadurch zu unterscheiden, daß sie niedriger ist, höchstens vierstellig.

Die Gehäusenummer (Abb. 99) hat in der Regel keinen Bezug zu der im Werk stehenden Werk- oder Seriennummer, welche im Werkbuch der Firma verzeichnet ist mit den Herstellungsdaten der Uhr, und bei einer entsprechenden Auswertung des Werkbuches in eine zur Datierung der Uhren verwendbare Nummernliste umgesetzt werden kann (siehe S. 130ff.), so jedenfalls bei hochwertigen Uhren und sorgfältig Buch führenden Firmen. Die bei Taschenuhren besserer Herkunft häufige Nummerngleichheit von Werk und Gehäuse – sie ist bei Firmen üblich, die Werk **und** Gehäuse zugleich herstellten – ist bei Armbanduhren kaum zu finden und wird auch nicht als besonderes Originalitäts-Kriterium gewertet.

Es gibt Firmen, zum Beispiel Rolex vor 1950, bei denen die meist außen am Gehäuse eingestempelte Gehäusenummer zugleich diejenige Seriennummer ist, unter welcher die Uhr in den Firmenbüchern registriert ist. Sie hat also hier die Funktion und Bedeutung, die sonst nur die Werknummer hat. Wieweit dies auch bei anderen Firmen der Fall ist und wieweit und ob Werkbücher und Werknummern zur Datierung von Uhren herangezogen werden können, wird sich erst bei einer wissenschaftlichen Bearbeitung der Daten weiterer Uhrenhersteller und ihrer Produktionsunterlagen ergeben.

Edelmetall-Feingehaltstempel

England: Importstempel vor 1975

	Gold	Silber
London		
Birmingham		
Sheffield		
Edinburgh		

22 Karat Gold (^{916}/₁₀₀₀)

18 Karat Gold (^{750}/₁₀₀₀)

14 Karat Gold (^{585}/₁₀₀₀)

9 Karat Gold (^{375}/₁₀₀₀)

Sterlingsilber (^{925}/₁₀₀₀)

Deutschland

Silber

Reichskrone mit Halbmond
zusätzlich ein Feingehaltstempel
Mindestfeingehalt ^{800}/₁₀₀₀ (0,800)

Gold

Reichskrone mit Sonnenring
zusätzlich ein Feingehaltstempel
Mindestfeingehalt ^{585}/₁₀₀₀ (0,585)

Frankreich

Silber

Kopf der Minerva
Mindestfeingehalt ^{800}/₁₀₀₀ (0,800)

Kopf der Minerva
Mindestfeingehalt ^{950}/₁₀₀₀ (0,950)

Gold

Adlerkopf
Mindestfeingehalt ^{750}/₁₀₀₀ (0,750)

Platin

Hundekopf
Mindestfeingehalt ^{950}/₁₀₀₀ (0,950)

Schweiz

Silber

Ente
Mindestfeingehalt ^{925}/₁₀₀₀ (0,925)

Auerhahn
Mindestfeingehalt ^{800}/₁₀₀₀ (0,800)

schreitender Bär
Mindestfeingehalt ^{900}/₁₀₀₀ (0,900)

Gold

Eichhörnchen
Mindestfeingehalt ^{585}/₁₀₀₀ (0,585)

Helvetia
Mindestfeingehalt 750/1000 (0,750)

Platin

Steinbock
Mindestfeingehalt 950/1000 (0,950)

Der Buchstabe im Stempel gibt den
Ort der Punzierung an: x = Bern,
B = Biel, C = La Chaux-de-Fonds,
D = Delémont, F = Fleurier,
G = Genf, g = Grenchen, L = Le
Locle, N = Neuenburg, n = Le Noir-
mont, P = Porrentruy, I = Saint Imier,
S = Schaffhausen, T = Tramelan.

Andere Stempel

Schweiz

verschiedene Punzen
von Gehäusemachern

Punze, welche die Stärke des
Gehäusematerials in zehntel
Millimetern angibt, in
diesem Fall 4/10 (0,4) mm.

Bezeichnung einiger Feingehaltstempel:

in Goldgehäusen

in Silbergehäusen

in Platingehäusen

Markenzeichen einiger
Schweizer Uhrenhersteller:

Audemars Piguet & Co.

Cortébert

International Watch Co.

Le Coultre

Movado

Ulysse Nardin

Rolex

Rolex

Patek Philippe & Co. (P.P.Cⁱᵉ)

Das Gehäuse, Fälschungen und Modifikationen

Die Frage, ob ein Gehäuse gefälscht ist, läßt sich nach einem Studium der Stempel nicht endgültig beantworten. Normalerweise zeugt bei einer durchschnittlichen, auch höherwertigen Armbanduhr das Vorhandensein von sinnvoll aufeinander bezogenen Stempeln des Uhrenherstellers und zur Gehäusequalität davon, daß Gehäuse und Werk original sind und zusammengehören. Es gibt jedoch viele Edelmetallgehäuse, die außer etwa einem Feingehaltstempel keine weiteren Kennzeichnungen haben, bei denen vielleicht auch nur eine mikroskopisch kleine Bildmarke auf der Innenseite der Hörner oder am Rand des Mittelteils zu entdecken ist, die deshalb noch keine Fälschungen sein müssen, sondern etwa in einem Land ohne Kennzeichnungspflicht hergestellt und exportiert wurden.

Bei den teuren Uhren der Nobelfirmen ist allerdings Vorsicht angebracht. An anderer Stelle (Brunner, Armbanduhren, S. 355 ff.) ist von den vielfältigen Möglichkeiten zu lesen, zum Beispiel Rolex Prince-Modelle durch Gehäusefälschungen, neue Stempel, Umsignierungen und Mariage (d. h. dem Zusammenbringen nicht zusammengehöriger Teile) aufzuwerten. Auch bei Patek-Philippe-Armbanduhren werden die Gehäuse besonders begehrter Modelle nach-gegossen und mit Werken versehen, die aus weniger attraktiven Modellen stammen. Die Fälschung entsprechender Gehäusestempel bereitet den Fälschern keine Schwierigkeiten.

Bei einer teuren Uhr einer Nobelmarke sollte man sich daher die behauptete Originalität aller Teile vom Verkäufer schriftlich bestätigen lassen, damit man sich notfalls, wenn sich eine Fälschung oder Mariage herausstellt, auf eine fehlende zugesicherte Eigenschaft berufen und damit Wandlung (d. h. Rücknahme der Uhr gegen Kaufpreiserstattung) durchsetzen kann. Dann sollte man möglichst schnell von der Herstellerfirma einen Stammbuchauszug erbitten, wenn dies möglich ist. Das schafft Klarheit über die Originalität der Uhr und ist zugleich wichtig bei einem eventuellen Rechtsstreit. Einige der Schweizer Nobelfirmen stellen solche Stammbuchauszüge aus: Patek Philippe, IWC, Vacheron & Constantin, Rolex sowie auch Breguet.

Anders als Fälschungen sind Umbauten und Modifikationen zu bewerten, wenn auch die Grenze manchmal schwierig zu ziehen ist. Zu Beginn der Armbanduhrenära um die Jahrhundertwende wurden häufig Damentaschenuhren zu Armbanduhren umgebaut, indem man an das Gehäuse Bügel zur Befestigung eines Armbandes anlötete, den Kronenbügel entfernte und die Krone modifizierte. Wenn das geschickt gemacht ist und zwar auf der Basis einer Savonnette (nach Entfernung auch des Sprungdeckels), weil dann das Zifferblatt für eine Armband-uhr die richtige Anordnung der Ziffern hat, ist ein solcher Umbau nur schwer zu erkennen. Er war zu seiner Zeit etwas völlig Normales, niemand wird sich damals den Kopf darüber zerbrochen haben, ob das Ergebnis als Fälschung zu bezeichnen ist oder nicht. Sofern bei dem Verkauf einer solchen Uhr diese Herkunft nicht verschwiegen wird oder sie ganz offensichtlich ist, kann man auch heute nicht von

100   Armbanduhr von IWC mit
Taschenuhrwerk Kaliber 73 aus dem
Jahre 1929, Gehäuse später.

Rechts: Werk der IWC mit dem
Taschenuhrwerk.

einer Fälschung sprechen, eher sogar von einem Belegstück für einen historischen
Entwicklungsabschnitt.

Ein etwas anderer Fall liegt vor, wenn ein älteres Werk später mit
einem neuen Gehäuse zusammengebracht wird. Ein prominentes Beispiel hierfür
ist die »erste Armbanduhr von Patek Philippe mit ewigem Kalender« aus dem
Jahre 1925: das Kalenderwerk mit Mondphase ist ein Damentaschenuhrwerk aus
dem Jahre 1898, das 1925 mit neuem Gehäuse zu einer Armbanduhr umgebaut
wurde (Abb. 101).

Ähnlich liegt der Fall bei einer großen Armbanduhr von IWC
(Abb. 100). Das Werk ist ein sehr qualitätvolles, vergoldetes Original-IWC-
Taschenuhrwerk des 17linigen Lépine-Kalibers 73, ein um 1910 entwickeltes
Brückenkaliber. Nach der Werknummer 899.201 entstand dieses Werk im Jahre
1929, und es saß ursprünglich zweifellos in einem offenen (Lépine-)Taschenuhrge-
häuse. Zu einem späteren, nicht bekannten Zeitpunkt wurde das Werk in das
jetzige 14karätige Roségoldgehäuse eingesetzt, das so gut paßt, daß es vermutlich
für dieses Werk »maßgeschneidert« worden ist. Dessen drei Stempel – ein
Hundekopf mit einer kleinen 4, eine Buchstabenmarke ML und eine Nummer
22155 – machen aufgrund des Hundekopfes eine Herstellung des Gehäuses in
Österreich wahrscheinlich. Das einzige Uhrmacherzeichen im Gehäuseboden
lautet HJS (ineinandergeschrieben) 12/86, deutet also auf eine letzte Überholung
im Dezember 1986 durch einen Uhrmacher HJS hin. Auch das Zifferblatt wurde
bei dem Umbau, der älter sein muß als das Datum Dezember 1986, erneuert und
hat nun die richtige Anordnung der Drei bei der Krone; an der Stelle, wo bei dem
früheren Taschenuhrzifferblatt die Zwölf saß. Die ursprüngliche und nicht modifi-

zierbare Werksanordnung bedingte aber, daß die kleine Sekunde zwar an der für die Taschenuhr richtigen Stelle gegenüber der Krone, aber an der für die Armbanduhr falschen, um 90° versetzten Stelle bei der Neun sich befindet, womit sie die Herkunft dieses Werkes aus einer offenen Taschenuhr für einen kundigen Beobachter sofort offenbart.

Der Werkshersteller IWC, um einen Stammbuchauszug gebeten, bezeichnet die Uhr in der jetzigen Form korrekt als »nicht original«. Mit der Absicht einer Fälschung, also der Vortäuschung einer insgesamt originalen, frühen IWC-Armbanduhr, wird dieser Umbau auch kaum vorgenommen worden sein, denn zu deutlich ist mit der ungewöhnlichen Größe, der »falsch« sitzenden kleinen Sekunde und dem so offensichtlich nicht von IWC, nicht einmal aus der Schweiz stammenden Gehäuse die Zusammenfügung des älteren Werkes mit einem neuen, neutralen Gehäuse.

Etwas anderes ist die preisliche Bewertung solcher Mariagen. Während die Patek Philippe wegen ihrer exklusiven Einmaligkeit, nicht zuletzt auch wegen ihrer Schönheit, wahrscheinlich einen erheblich höheren Preis erzielen würde als die normalen, späteren Armbanduhren dieser Firma mit ewigem Kalender, wenn sie einmal zum Verkauf stünde – was wohl kaum jemals passieren wird, da sie eines der Schmuckstücke des Patek-Philippe-Museums in Genf ist –, wird die IWC wahrscheinlich niedriger bewertet werden als qualitativ ähnliche, frühe und originale Armbanduhren dieser Firma, also etwa solche mit dem ersten echten Armbanduhrkaliber 75 von IWC. Dies wäre der normale Abschlag, mit dem man bei einer Mariage gegenüber einer vergleichbaren, in allen Teilen originalen, d. h. von Anfang an zusammengehörigen Armbanduhr rechnen muß.

Aber, wie man sieht, ist Mariage nicht immer gleich Mariage: es gibt glückliche Hochzeiten und Ehen, wie zum Beispiel das eben beschriebene Patek-Philippe-Uhrwerk mit seinem neuen Gehäuse von 1925 sie führt, und es gibt Mesalliancen.

101 Herrenarmbanduhr von Patek Philippe mit ewigem Kalender und Mondphase. Das Werk wurde im Jahre 1898 als kleines Taschenuhrwerk gefertigt, 1925 in ein Armbanduhrgehäuse eingesetzt und 1927 erstmals verkauft.

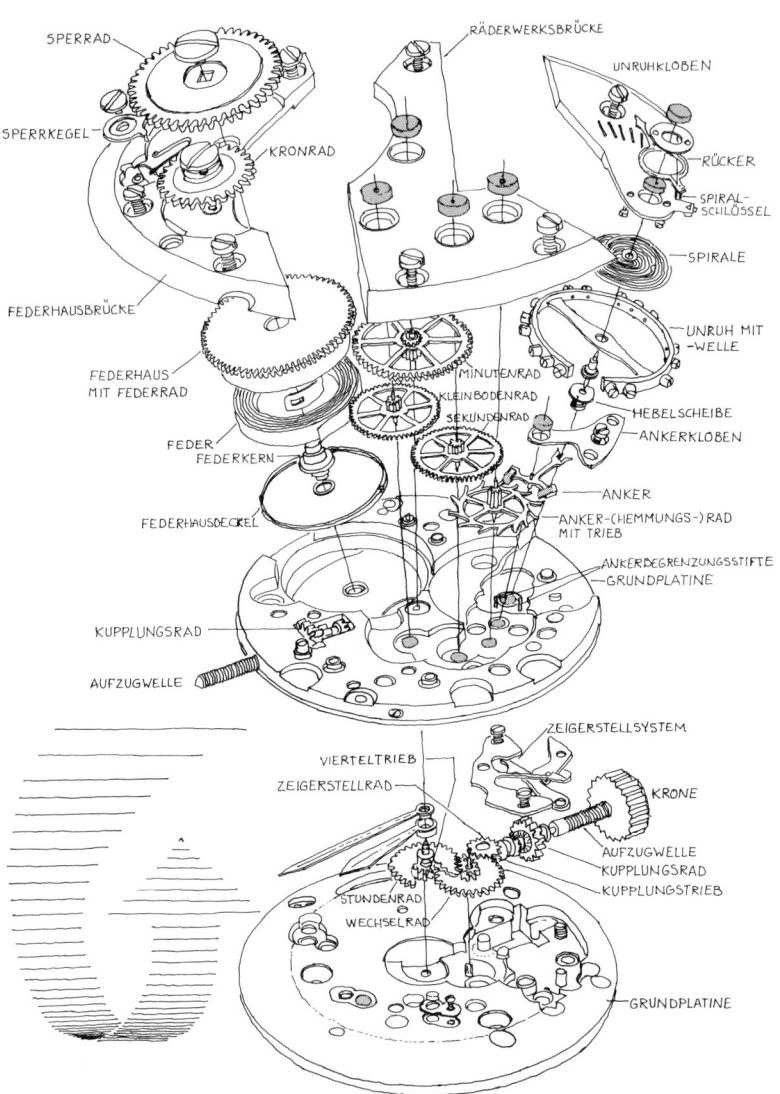

102   Werk einer Schweizer Armbanduhr (Sprengzeichnung).

Das Uhrwerk, Funktion

Um die Qualität eines Armbanduhrwerkes beurteilen zu können, muß man zunächst seine Funktionsweise verstehen. Dies gilt dann in besonderem Maße, wenn man auch Fehler eines Uhrwerkes erkennen will. Denn Fehler sind Abweichungen vom Normalen. Sie bei einer Uhr erkennen zu können, setzt die sehr genaue Kenntnis von deren normalem Gangverhalten voraus. Hier soll zwar nicht die gesamte Theorie der mechanischen Räderuhr mit Unruh-Schwinger ausgebreitet werden – das ist schon in zahllosen anderen Uhrenbüchern ausgiebig geschehen. Es sollen aber wenigstens die Zusammenhänge zwischen den wichtigsten Teilen des Uhrwerkes klar werden, damit nicht dauernd in diesen anderen Uhrenbüchern nachgeschlagen werden muß.

Die drei wichtigsten Funktionsbereiche in einem modernen Armbanduhrwerk (Abb. 102) sind einmal das **Antriebssystem**, der »Motor« der Uhr mit Federhaus und Zugfeder, Kronrad und Sperrkegel. Dann folgt das **Übertragungssystem**, ein »drehzahlstufendes Getriebe«, wie Helmut Mann es genannt hat. Es besteht aus Minuten-, Kleinboden- und Sekundenrad samt ihrem jeweiligen Trieb, welche die Drehzahl vom langsam drehenden Federhaus bis zu dem am schnellsten drehenden, letzten Rad in diesem System, dem Hemmungs- oder Ankerrad, in festgelegten Übersetzungen abstuft.

Der dritte Funktionsbereich ist der **Hemm- und Gangregler**: die Unruh mit ihrer Welle und der Spiralfeder sowie Anker, Ankerrad und die auf die Unruhwelle gepreßte Hebelscheibe. Weitere wichtige Funktionsgruppen sind das **Zeigerwerk** sowie das **Aufzugs- und Zeigerstellsystem**.

Diese Systeme funktionieren folgendermaßen miteinander. In dem als flache Dose mit Deckel und einem verzahnten Boden als Antriebsrad (Federrad) ausgebildeten Federhaus ist die Zug- (oder Trieb-)feder am äußeren Rand sowie an der inneren, beweglichen Welle, dem Federkern, befestigt. Die Drehung der inneren Welle bewirkt, daß die Feder aufgezogen, das heißt, gespannt wird. Dieses Aufziehen geschieht durch Drehung der Krone, die fest mit der Aufzugswelle und – in einer bestimmten Stellung – dem Kupplungsrad verbunden ist, und zwar derart, daß das Kupplungsrad das Kronrad mitnimmt. Dieses Kronrad greift seinerseits in die Zahnung des Sperrades ein, das fest mit einem Vierkant auf das Federhaus geschraubt ist und seine Drehung daher an Federkern und Zugfeder weitergibt. Um ein Zurückschnellen der gespannten Zugfeder über das Sperrad zu verhindern, wenn man die Krone losläßt, greift der von einer Feder angedrückte Sperrkegel in das Sperrad ein und verhindert mit seiner speziellen Form dessen Zurückdrehen in einer Richtung. Die in der anderen, der Aufzugsrichtung, an dem Sperrkegel frei und ungehindert vorbeigleitenden Zähne des Sperrades verursachen das typische, vertraute Aufziehgeräusch. Diese Sperrfunktion vollzieht der Sperrkegel so lange, bis die Uhr abgelaufen ist und neu aufgezogen wird.

Die am Zurückschnellen gehinderte, gespannte Zugfeder kann ihre Kraft in Form einer Drehbewegung, eines Drehmomentes, nur in einer Richtung abgeben, und sie tut das, indem das Federrad in das Trieb des in der Mittelachse sitzenden Minutenrades eingreift, denn jetzt beginnt die Tätigkeit des Räderwerks, dessen Aufgabe es ist, durch eine genau festgelegte, abgestufte Größe der Zahnräder und ein bestimmtes Verhältnis zur Größe beziehungsweise Zähnezahl ihrer Triebe – denn die Zahnräder sind im Eingriff mit dem Trieb des jeweils nächsten Zahnrades – die Zeit für eine Umdrehung von 7,5 Stunden beim Federrad auf 6 Sekunden beim Ankerrad zu beschleunigen. Die möglichst langsame Drehung des Federrades beziehungsweise Federhauses ist dabei erwünscht und beabsichtigt, denn um so länger hält die Federkraft an, um so seltener muß die Uhr neu aufgezogen werden.

Diese zunehmende Drehgeschwindigkeit der einzelnen Räder läßt sich bei einer gehenden Uhr gut unter der Lupe beobachten: während beim Feder- und Minutenrad wegen deren sehr langsamer Drehung noch keinerlei Drehbewegung sichtbar ist, kann man diese mit etwas Geduld beim Kleinbodenrad schon wahrnehmen, und die jeweils schnellere Drehung des Sekunden- und Ankerrades ist mit bloßem Auge deutlich zu erkennen.

Ohne eine weitere Vorrichtung würden die bisher beschriebenen Teile des Uhrwerkes aber nicht mit dieser gemächlichen Geschwindigkeit ablaufen, sondern – bei aufgezogener Feder – ungehemmt in kurzer Zeit abschnurren wie ein mechanisches Spielzeugauto. Es bedarf also einer Hemmung, die den Ablauf des Laufwerkes in der Art eines Schrittschaltwerkes verzögert, und zwar in Kombination, im Wechselspiel mit einem Gangregler, der seinerseits diesen verzögerten Ablauf verstetigt. Diese Hemmung ist im Fall unserer modernen Armbanduhr die Schweizer Ankerhemmung. Es sei am Rande erwähnt, daß es im Laufe der Jahrhunderte für tragbare Uhren Dutzende von verschiedenen Hemmungssystemen gab, davon allein über 30 Varianten der Ankerhemmung, die sich gegen Ende des 19. Jahrhunderts bei Taschenuhren als das optimale Hemmungssystem durchgesetzt hatte und auch bei Armbanduhren die Normallösung wurde.

Der erwähnte Gangregler, der gemeinsam mit der Ankerhemmung agiert, ist die Unruh, die zusammen mit der an ihr befestigten Spiralfeder gleichmäßig in zeitgleichen (isochronen) Halbschwingungen hin- und herschwingt.

Die Zähne des Hemmungs(Anker-)rades sowie die Ankerarme und die in deren Enden eingelackten Rubinpaletten sind derart geformt, daß das Hemmungsrad – das ja das letzte in der Reihe des von der Zugfeder angetriebenen, im wahrsten Sinne des Wortes »unter Druck gesetzten« abgestuften Räderwerks ist – im Wechsel vom herabfallenden einen Ankerarm für kurze Zeit angehalten wird, nach der Hebung dieses Ankerarms von ihm freigegeben wird, um einen Zahn weiterrücken kann, bis der übernächste Zahn des Ankerrades von dem nun herabfallenden anderen Ankerarm wieder aufgehalten (»gehemmt«) wird usw. Für die Gleichmäßigkeit dieses Hin und Her, dieses Wechselspiels von Anhalten, Freigeben, Weiterdrehen und wieder Anhalten des Hemmungsrades ist die Unruh mit ihrer Spiralfeder verantwortlich, und diese Gleichmäßigkeit ist entscheidend für den genauen Gang der Uhr.

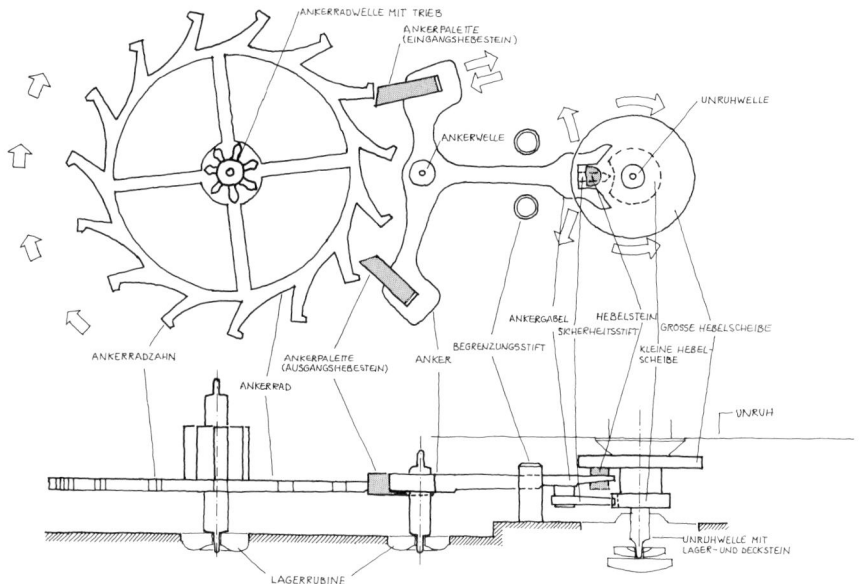

ANKERRADWELLE MIT TRIEB
ANKERPALETTE
(EINGANGSHEBESTEIN)
UNRUHWELLE
ANKERWELLE
ANKERGABEL   HEBELSTEIN
                  SICHERHEITSSTIFT   GROSSE HEBELSCHEIBE
BEGRENZUNGSSTIFT   KLEINE HEBEL-
                                      SCHEIBE
ANKERRADZAHN   ANKERPALETTE   ANKER
                  (AUSGANGSHEBESTEIN)
ANKERRAD   UNRUH
LAGERRUBINE   UNRUHWELLE MIT
                                     LAGER- UND DECKSTEIN

103   Die Schweizer Ankerhemmung in Grundriß
(mit Bewegungsschema) und Seitenansicht.

Die Verbindung zwischen Anker und Unruh geschieht durch das
gabelartig geformte und daher auch Gabel genannte Ende des geraden Ankerarms,
zwischen dessen beiden Hörnern, und zwar in einer Ebene unter diesen (siehe
Abb. 103, Seitenansicht), sich der Sicherheitsstift befindet – sowie durch die auf die
Unruhwelle gepreßte Hebelscheibe mit dem eingelackten Hebelstein (Ellipse) in
der oberen größeren Scheibe und einer unteren, kleineren Scheibe mit einem
Einschnitt für den Sicherheitsstift des Gabelhorns.

Durch das Hin- und Hergehen des wie ein Hebelarm wirkenden
Ankers, der in seinem Ausschlag aber durch die beiden Begrenzungsstifte begrenzt
wird, erhält die Unruh durch Eingriff des Hebelsteins in die Ankergabel bei jeder
ihrer Halbschwingungen einen zeitlich begrenzten Anstoß, den sie zur Aufrecher-
haltung ihrer Schwingungen benötigt, wobei sie ihrerseits durch ihre genau
zeitgleichen Schwingungen dem Anker und über diesen dem Ankerrad sowie dem
gesamten Räderwerk das gleichmäßige, in genau gleiche Zeiteinheiten zerhackte
Vorrücken ermöglicht. Der Eingriff des Sicherheitsstiftes in den Einschnitt der
kleineren, unteren Hebelscheibe sorgt dafür, daß der Anker während des Ergän-
zungsbogens der Unruh – also desjenigen Teiles ihrer Schwingung, die völlig frei
erfolgt, nachdem der Hebelstein die Ankergabel wieder verlassen hat – nicht
durchfallen kann.

Der nächste Punkt ist die Übertragung dieser gleichmäßigen Dreh-bewegung auf das Zeigerwerk, das die Uhrzeit auf dem Zifferblatt anzeigt. Bei der Sekundenanzeige ist das im Fall einer kleinen, dezentralen Sekunde, die bei Taschenuhren und den frühen Armbanduhren üblich war, einfach: hier muß nur die verlängerte Sekundenradwelle durch das Zifferblatt geführt und darauf ein Sekundenzeiger gesteckt werden. Für die zentral aus der Mitte erfolgende Anzeige von Minuten und Stunden ist ein besonderes Räderwerk erforderlich, das dem Be-trachter des Werkes verborgen bleibt, weil es auf der anderen Seite der Grund-platine, zwischen dieser und dem Zifferblatt, angeordnet ist (siehe Abb. 102 un-ten). Die Verbindung zu diesem Zeiger-Räderwerk stellt die durch das Zifferblatt verlängerte Welle des Minutenrades her, welches einmal in der Stunde umläuft. Nun bedarf es noch einer Untersetzung von 12:1 (beziehungsweise 24:1 bei 24-Stunden-Zifferblättern), da der Stundenzeiger nur einmal in 12 beziehungsweise 24 Stunden umlaufen darf. Diese Untersetzung besorgt das Vierteltrieb, das mit seinem Viertelrohr auf Reibschluß auf die Minutenradwelle aufgeklemmt ist, wel-ches über Wechselrad und -trieb Stundenrad und damit Stundenzeiger antreibt.

Bei einem Werk mit zentraler Sekundenanzeige aus der Mitte ist die Minutenradwelle längs durchbohrt und in dieser Bohrung wird die Sekundenrad-welle geführt, für deren Antrieb es zwei Varianten gibt: eine ältere, bei welcher der Antrieb außerhalb des Kraftflusses liegt (indirekte Zentralsekunde). Bei dieser etwas umständlichen Konstruktion trägt die verlängerte Kleinbodenradwelle ein weiteres Zwischenrad, das ein zweites, in der Mittelachse sitzendes Sekundentrieb antreibt, auf dessen durch die Minutenradwelle geführter Welle über dem Zifferblatt der Sekundenzeiger aufgesteckt ist.

Bei der jüngeren, einfachen Konstruktion der im Kraftfluß liegenden (direkten) Zentralsekunde ist das Werk so konstruiert, daß außer dem (nach unten verlegten) Minutenrad auch das im Eingriff mit dem Ankerradtrieb stehende Sekundenrad in der zentralen Mittelachse des Werkes angeordnet ist, weshalb seine Welle, ebenfalls durch die längs durchbohrte Minutenradwelle geführt, unmittelbar den Sekundenzeiger tragen kann. Ein Werk mit direkter Zentralse-kunde ist also auf einen Blick leicht daran zu erkennen, daß an der Stelle, an der sich gewöhnlich das Minutenrad befindet, das sich lebhaft drehende Sekundenrad sitzt. Das Minutenrad ist hier in den Tiefen des Werkes verschwunden, liegt knapp über der Grundplatine.

Die Größe eines Armbanduhrwerkes beziehungsweise dessen Durchmesser wird, obwohl offiziell das dezimale Maßsystem in der Schweizer Uhrenindustrie längst eingeführt ist, immer noch weitgehend in Linien gemessen. Die vom Pariser Fuß mit 32,47 cm Länge abgeleitete Linie ist 2,255 mm lang und wird nach G.-A. Berner (daselbst S. 520) nur als Näherungswert gebraucht. Einige Firmen nahmen den in Linien gemessenen Werkdurchmesser in die Kaliberbe-zeichnung auf, zum Beispiel Patek Philippe etwa bei den Werken 10‴−200, 10‴−105 oder 12‴−120. Oder Frédéric Piguet mit dem Kaliber 99 mit 9‴ Werkdurchmesser und 9/12‴ Werkhöhe.

Das Uhrwerk, Beurteilung und Qualität

Dieses eben in seiner Funktion beschriebene moderne Armbanduhrwerk fiel natürlich in dieser Form nicht plötzlich vom Himmel, sondern es war das Endprodukt einer langen, Jahrhunderte währenden Entwicklungskette mit zahllosen und ständigen, aufeinander aufbauenden Verbesserungen, die auch in den neuen Typ der Armbanduhr übernommen wurden. Die während dieser Entwicklung schließlich weitgehend gelösten drei Hauptprobleme, die immer wieder die Gangleistungen der mechanischen Uhr beeinträchtigt hatten, waren folgende:

1. Die nicht gleichmäßige Kraftabgabe durch die Zugfeder, denn diese hat im voll aufgezogenen Zustand eine viel größere Spannung als im fast abgelaufenen. Die Folge war, daß die Uhren zu Beginn einer Aufzugperiode schneller gingen als gegen deren Ende.
2. Erhebliche Veränderungen, besonders der Elastizität, der gebräuchlichen Metalle (Messing und Eisen) unter sich ändernden Temperaturen.
3. Unterschiedliche Reibung der Wellenzapfen in ihren Lagern in verschiedenen Lagen und Reibungsverluste mit der Folge von erheblichen Lagenfehlern (d. h. durch Lagenwechsel verursachte Gangfehler).

Während an unserem Armbanduhrwerk die gleichmäßige Verteilung der Federspannung über die gesamte Aufzugperiode (ein nur in Handaufzuguhren noch auftretendes Problem, denn bei Uhren mit automatischem Aufzug ist die Zugfeder immer gleichmäßig stark gespannt) sowie der Temperaturausgleich nicht mit dem Auge feststellbar sind, da das eine im und am Federhaus stattfindet und das andere durch spezielle Metallegierungen erfolgt, gibt es sehr wohl optisch ablesbare Kriterien für die Lösung des Qualitätsproblems Zapfenreibung und Lagenfehler, die zugleich auch optisch wahrnehmbare Kriterien für die Qualität eines Uhrwerkes an sich sind, deren Beurteilbarkeit zu Beginn dieses Kapitels versprochen wurde. Und zwar ist hier nicht die ebenfalls nicht sichtbare, aber zur Bewältigung der Gangfehler in verschiedenen Lagen unerläßliche, sorgfältige Justierung und Reglage von Hemmung, Unruh und Spirale gemeint, sondern die Ausbildung der Lager als solche.

Da die Räderwellen sowie ihre zapfenförmigen Enden notwendigerweise aus Stahl bestehen, hätten sie, wenn ihre Lager in den Platinen aus gleichhartem Stahl oder sogar aus dem weicheren Messing der Platinen bestänðen, einen relativ hohen Reibungswiderstand bei ihren Drehbewegungen zu überwinden, und die am schnellsten drehenden von ihnen wären ziemlich schnell abgenutzt und verformt und sie hätten auch ihre Lager schnell abgenutzt. Es war daher eine geniale Idee (des in England lebenden Schweizers Nicolas Fatio de Duillier um 1704), als Lager der Zapfen durchbohrte, sehr harte Edelsteine (Rubin, Saphir, Diamant) zu verwenden, die wegen ihrer Härte die Reibung der Zapfen sowie ihren Verschleiß erheblich reduzierten.

Anzahl, Funktion und Verarbeitung der Edelsteine als Zapfenlager in Uhren (seit langem werden dazu überwiegend künstliche Rubine verwendet) sind daher bis heute ein wichtiges, wiewohl manchmal etwas überschätztes Qualitätsmerkmal, auf welches etwas ausführlicher eingegangen werden soll. Hier ist das Reglement zur Erlangung des Genfer Siegels von 1957 ein guter Hinweisgeber, das uns später auch bei anderen Qualitätsmerkmalen noch hilfreich sein wird. Der Forderung des Genfer Reglements folgend mußten Hemmung und Gangregler insgesamt mindestens 11 Funktionssteine haben (eine Schweizer Norm unterscheidet funktionsbedingte und nicht funktionsbedingte Steine, nur erstere dürfen auf Zifferblatt oder Werk angegeben werden): je zwei Lager- und Decksteine für die Unruhwellenzapfen, zwei Lagersteine für Anker- und Ankerradwellenzapfen, zwei Palettensteine des Ankers und den Hebelstein an der großen Hebelscheibe (siehe Abb. 103). Alle weiteren Funktionssteine dienen der Lagerung der Laufwerksräderwellen, nämlich denen des Sekunden-, Kleinboden- und Minutenrades.

Ein Grundsatz ist, daß eine Steinlagerung um so wichtiger ist, je schneller ein Rad, seine Welle, sich dreht, da es seine Aufgabe ist, Reibung und Verschleiß des Wellenzapfens zu verringern. Für die sich schnell drehenden Wellen von Unruh, Anker, Ankerrad und Sekundenrad ist sie daher besonders wichtig. Bei dem recht langsam drehenden Minutenrad konnte sie, auch nach dem Genfer Reglement, entfallen. Das Federhaus hat bei Armbanduhren nie ein Steinlager. Eine Qualitätsuhr mit Handaufzug ist also mit 15 Steinen optimal ausgestattet. Wird auch die Minutenradwelle in Steinen gelagert, so ergeben sich 17 Steine, womit höchste Ansprüche erfüllt sind. Weitere Steine sind für eine optimale Funktion nicht erforderlich, dennoch gibt es sie. So haben etwa alle Werke der 1. Qualität von Patek Philippe 18 Steine: der achtzehnte ist ein oberer Deckstein für den Ankerradwellenzapfen. Bei 19 Steinen (zum Beispiel in sehr feinen Werken von Zenith oder Jaeger-Le Coultre) hat auch der untere Ankerradwellenzapfen einen Deckstein. Dann können noch die Lager der Ankerwellenzapfen Decksteine haben.

Decksteine, die über die durchbohrten Lochsteine gesetzt werden und auf deren glatter, flacher Unterseite die Stirn des jeweiligen Zapfens zur weiteren Verringerung der Zapfenreibung aufliegt, sind wegen des Fehlens der Bohrung und daher einer glatten, gewölbten Oberfläche leicht zu erkennen und von den Lochsteinen zu unterscheiden.

Früher wurden gelegentlich noch höhere Steinezahlen bei einfachen Handaufzuguhren angegeben, um eine höhere Werksqualität vorzutäuschen als vorhanden war. Solche weiteren Steine wurden ohne jede Funktion nicht selten mit Plättchen irgendwo aufgeschraubt! (Abb. 104). Diesem Mißbrauch machte dann, wenigstens in der Schweiz, die erwähnte Norm zur Unterscheidung von funktionsbedingten und funktionslosen Steinen ein Ende.

Bei Komplikationen wie Chronographen, Repetitionswerken oder dem automatischen Aufzug werden weitere Lagersteine benötigt, auf die hier aber nicht mehr eingegangen werden soll.

104 Einfaches Arm-
banduhrwerk mit einem
auf der Brücke ange-
schraubten Plättchen mit
drei funktionslosen
Steinen.

In der Frühzeit der Armbanduhr waren die Lagerrubine von feinen Uhren häufig, wie bei den Taschenuhren, in Chatons gefaßt, das heißt, in besondere Metallringe aus Messing, vergoldeter Bronze oder Gold, die entweder in die Bohrungen der Platine eingepreßt oder verschraubt, also von zwei oder drei Schräubchen gehalten wurden. Diese als weiteres Qualitätsmerkmal geltenden Chatons hatten den Vorteil, daß man damit den Lagerstein nachträglich sehr präzise zentrieren konnte, denn ein in einem verkanteten Steinlager laufender Zapfen nutzt sich schnell ab (er »läuft ein«, wie der Uhrmacher sagt) und hat einen hohen Reibungswiderstand. Da man mit der immer perfekter werdenden Serienfertigung bald in der Lage war, den Außendurchmesser der Lochsteine gleichmäßig und präzise auf Preßsitz zu schleifen und diese paßgenau zentriert in ihre Lager zu pressen, wurden die Chatons bald unnötig, sind aber noch lange danach als optischer Präzisionsbeweis verwendet worden. Soweit zu den Uhrsteinen als sichtbare Qualitätsmerkmale eines Armbanduhrwerkes.

Außer diesen gibt es noch weitere mit dem Auge wahrnehmbare Qualitätszeichen, zu denen grundsätzlich der Grad der Feinbearbeitung, der Vergütung der Oberflächen aller sichtbaren Werksteile gehört. Nach dem Genfer Reglement von 1957, das die Qualitätsanforderungen an solche Uhren formulierte, die als Herkunftsort den besonders verpflichtenden Namen Genfs tragen durften, mußten zum Beispiel alle Räder angliert (das heißt ihre Kanten gebrochen) sein und hochglanzpolierte Kehlungen haben. Außerdem mußten Wellen und Stirn von Trieben hochglanzpoliert sein. Schließlich verlangte das Reglement, daß die Bohrungen in den Lagersteinen zu olivieren (das heißt die Wandung des Bohrloches mit konkaver Wölbung, also ballig formen) und zu polieren seien, um die Zapfenreibung weiter zu verringern.

Außer diesen Anforderungen des Genfer Reglements haben Qualitätswerke hochglanzpolierte oder fein gebläute Schraubenköpfe mit feiner Kantenbrechung; die gleiche feine Bearbeitung sollten über die Laufwerksräder hinaus auch Anker, Ankerrad und der Rückerzeiger haben. Alle Oberflächen von Brücken, Kloben und Platinen und teilweise auch die Räder sollten fein vollendet sein mit einer galvanischen Vergoldung oder mit einem Schutzüberzug aus Neusilber (einer Legierung aus Kupfer, Zink und Nickel) oder Rhodium (das heißt rhodiniert). Diese galvanischen Überzüge dienen, ebenso wie die oberflächenverdichtende Hochglanzpolitur, dem Schutz des Metalls vor Korrosion, sind also keineswegs nur zur Verschönerung da. Häufig wurden sie mit einem aufpolierten oder eingeschliffenen Zierschliff versehen, für den es verschiedene Formen gibt (Abb. 140–142). Die häufigste Form sind gerade Rippen in verschiedener Breite: schmale heißen »Filets«, breitere Rippen sind die berühmten Genfer Streifen »côtes de Genève«, oder die häufig auf der sichtbaren Seite der Grundplatine angebrachte »Perlage«, ineinander laufende perlenartige Kreise, oder »Pfauenauge« (œil-de-perdrix).

Auch die Form des Rückerzeigers, durch dessen Verschieben man die wirksame Länge der Spiralfeder verändern und damit den Gang regulieren kann, ist ein Qualitätsmerkmal. Bei einfachen Uhren ist es ein einfacher Zeiger, mit dessen manuellem Verschieben nur eine grobe Regulierung möglich ist (siehe Abb. 99). Bei Präzisionsuhren sind aber mitunter nur winzige Änderungen der wirksamen Spiralfederlänge erforderlich, um den Gang um ein oder zwei Sekunden zu verändern (ein Spruch von Feinuhrmachern ist: »Wenn man die Bewegung sehen kann, war es schon zuviel«). Bei solchen Uhren kann der Rücker sehr fein und präzise mit einem Schräubchen und einer Feder mit Gegendruck (zum Beispiel einer Schwanenhalsfeder) oder einer ausmittig sich drehenden Schraube (Exzenter) verstellt werden. Sehr feine Armbanduhren etwa von Patek Philippe oder Rolex haben oft – wie bei den alten englischen Chronometern – gar keine Rückerregulierung, sondern eine ganz frei schwingende Spirale. Bei ihnen kann man den Gang nur mit den Schrauben an der Unruh regulieren, die deren Trägheitsmoment verändern.

Alle die beschriebenen Qualitätsmerkmale sind mit etwas Erfahrung unter einer Lupe relativ leicht zu erkennen, besonders deutlich die Oberflächenveredelung und die Kantenbrechung, und sie erleichtern die Beurteilung der Qualität eines Werkes sehr; ihr Vorhandensein macht die Betrachtung eines Uhrwerkes darüber hinaus zu einem ästhetischen Genuß.

Nun wird aber mancher sagen: außer den Rubinlagersteinen, der ebenfalls der Reibungsverringerung dienenden Politur der Räderkehlungen und Triebflächen, der Vergoldung oder der galvanischen Korrosionsschutz-Überzüge und der Rückerform – sind das doch alles Äußerlichkeiten, ist das doch reine Show! Wie kann das alles Einfluß haben auf den präzisen und gleichmäßigen Gang eines Uhrwerkes? Nun, die Uhrenfabrikanten haben natürlich nur solche Werke mit einer so sorgfältigen, zeitraubenden und daher teuren Oberflächenveredelung versehen, deren nicht sichtbare, für den guten Gang aber verantwortliche, Teile ebenfalls von höchster Qualität und Exaktheit waren.

Insofern ist die Oberflächenqualität nur teilweise direkt verantwortlich für den präzisen und gleichmäßigen Gang eines Qualitätswerkes; sie ist vielmehr nur ein Hinweis darauf. Natürlich kann auch ein einfach belassenes Werk

– mit unbearbeiteten und nicht vergüteten Brücken- und Klobenoberflächen, nicht sorgfältig anglierten, sondern gratig belassenen Kanten und ohne Hochglanzpolitur – sehr gute Gangleistungen haben. Gute Beispiele dafür sind manche Großserienwerke der siebziger Jahre, oder etwa das Chronometerkaliber 70.3 der Glashütter GUB. Allerdings fehlt einem solchen Werk die sichtbar gemachte Qualität, die den Anreiz zum Sammeln von Präzisionswerken bildet und die Schönheit einer Armbanduhr, neben der Gehäuse- und Zifferblattästhetik und über die bloße Funktion hinaus, ausmacht.

Das Uhrwerk, Herstellerstempel

Im Werk hat der Hersteller meistens Hinweise zur Werkscharakteristik eingestempelt oder -graviert, die nicht selten zugleich auf Qualitätsmerkmale hindeuten. Allgemein kann man sagen, daß die Angaben um so zahl- und umfangreicher sind, je besser die Uhr ist. Der Umfang der Stempel kann von nur der Anzahl der Uhrsteine als Werbemittel bei einfachen Großserienwerken bis zu fast einem Dutzend verschiedener Stempel bei Präzisionswerken reichen.

Da ist zunächst der Name des Herstellers, der häufig auf dem Sperrad des Federhauses wiederholt wird. Dann die Kalibernummer, die meist auf der Grundplatine unter der Unruh oder der Hemmung steht, bei fremden Ébauches oft kombiniert mit der Fabrikmarke des Ébaucheherstellers (siehe Abb. 36). Weiter ein Herkunftshinweis (zum Beispiel Swiss made, Genève, made in Germany), der als Qualitätsmerkmal verstanden wird. So darf zum Beispiel der Schriftzug »Swiss made« nur von Firmen geführt werden, die ihre Uhren der obligatorischen, stichprobenartigen Kontrolle einer staatlichen Prüfbehörde (Schweizerische technische Uhrenkontrolle CTM) unterwerfen, die nach festgelegten Qualitätsnormen prüft, zu denen auch eine Gangkontrolle gehört. Ähnlich auch der Herkunftshinweis »Genève«, dessen Qualitätsanforderungen in dem schon mehrfach erwähnten Genfer Reglement festgelegt sind, das zugleich auch zur Kennzeichnung des Werkes mit dem Genfer Wappen (Genfer Siegel, poinçon de Genève) berechtigt. Weitere Stempel gelten der Anzahl der Uhrsteine (siehe S. 124), der Anzahl und Art von Reglagen, besonders bei Chronometern (zum Beispiel »adjusted five [5] positions and temperature«), bei diesen auch gelegentlich die Aufschrift »Chronometer«, die in den meisten Fällen auf dem Zifferblatt steht. Sodann gibt es Stempel, die auf einen automatischen Aufzug hinweisen (»Automatic«), gelegentlich auch mit dessen System (»Bidynator«, »Etarotor«), wenn dies nicht auf dem Gehäusedeckel oder Zifferblatt steht; oder Hinweise auf andere besondere Eigenschaften des Werkes (»antimagnetic« oder ein Patenthinweis »patented«).

Eine kleine dreistellige Buchstabenfolge am Rande des Unruhklobens weist auf ein für überseeische Länder bestimmtes Schweizer Exportwerk hin, wobei den einzelnen Firmen offenbar feststehende Buchstabenfolgen zugewiesen waren, die überwiegend mit dem ersten Buchstaben des Firmennamens begannen (zum Beispiel Girard-Perregaux: GXM, Gruen: GXC, Movado: MXI, U. Nardin: NOA, Omega: OXG, Rolex: ROW, Universal: UOW. Dagegen aber IWC: HOX, oder Wittnauer: AXA).

Und schließlich steht hier im Werk auch die Werknummer, deren Angabe bei Chronometern Pflicht war, und die ein Werk als etwas Besseres, als ein Individuum aus der Masse der nicht numerierten anonymen Großserienwerke heraushob. Die Werknummer kann auch ein wichtiges Hilfsmittel zur Datierung eines Werkes sein – sofern eine Auswertung der Werkbücher des Herstellers bereits erarbeitet und publiziert worden ist. Solche Auswertungen sind aber, wie schon erwähnt, bisher noch die Ausnahme. Lediglich für die fünf Schweizer Nobelfirmen Audemars Piguet, IWC, Omega, Patek Philippe und partiell für Rolex wurden bisher datierte Werknummernlisten veröffentlicht, die im folgenden zusammengefaßt wiedergegeben werden sollen.

Werknummernverzeichnisse einiger bekannter Armbanduhrenhersteller

Audemars Piguet & Co.

1920:	24805–27584	1936:	42777–42874
1921:	27585–28820	1937:	42875–43785
1922:	28821–29704	1938:	43786–43950
1923:	29705–30673	1939:	43951–44647
1924:	30674–32713	1940:	44648–44935
1925:	32714–34505	1941:	44936–45655
1926:	34506–36849	1942:	45656–46551
1927:	36850–38576	1943:	46552–47541
1928:	38577–39844	1944:	47542–47939
1929:	39845–41577	1945:	47950–49595
1930:	41578–42531	1946:	49596–51613
1931:	42532–42585	1947:	51614–53517
1932:	42586–42587	1948:	53518–55550
1933:	42588–42626	1949:	55551–56704
1934:	42627–42659	1950:	56705–57014
1935:	42660–42776		

IWC

1914:	594401 –	620800	1944:	1078001 – 1092400
1915:	620801 –	635200	1945:	1092401 – 1106200
1916:	635201 –	657400	1946:	1106201 – 1131400
1917:	657401 –	684100	1947:	1131401 – 1153600
1918:	684101 –	714100	1948:	1153601 – 1177600
1919:	714101 –	742300	1949:	1177601 – 1205200
1920:	742301 –	765100	1950:	1205201 – 1222000
1921:	765101 –	780100	1951:	1222001 – 1253200
1922:	780101 –	783700	1952:	1253201 – 1291600
1923:	783701 –	793600	1953:	1291601 – 1316800
1924:	793601 –	807400	1954:	1316801 – 1335400
1925:	807401 –	827800	1955:	1335401 – 1361200
1926:	827801 –	845200	1956:	1361201 – 1399600
1927:	845201 –	866200	1957:	1399601 – 1436800
1928:	866201 –	890800	1958:	1436801 – 1480000
1929:	890801 –	919600	1959:	1480001 – 1513000
1930:	919601 –	929200	1960:	1513001 – 1553800
1931:	929201 –	937600	1961:	1553801 – 1612000
1932:	937601 –	938200	1962:	1612001 – 1666000
1933:	938201 –	939400	1963:	1666001 – 1733200
1934:	939401 –	940000	1964:	1733201 – 1778800
1935:	940001 –	940600	1965:	1778801 – 1796800
1936:	940601 –	955600	1966:	1796801 – 1820800
1937:	955601 –	979000	1967:	1820801 – 1889200
1938:	979001 –	1000600	1968:	1889201 – 1905400
1939:	1000601 – 1013200		1969:	1905401 – 1958800
1940:	1013201 – 1019200		1970:	1958801 – 2026600
1941:	1019201 – 1039000		1971:	2026601 – 2076400
1942:	1039001 – 1062400		1972:	2076401 – 2113000
1943:	1062401 – 1078000		1973:	2114201 – 2194600
			1974:	2194601 – 2265400

Omega
(die Liste bietet nur ungefähre Anhaltspunkte)

zwischen 1904 und 1916:	2 000 000	zwischen 1958 und 1962:	16 000 000
zwischen 1906 und 1919:	3 000 000	zwischen 1959 und 1961:	17 000 000
zwischen 1910 und 1919:	4 000 000	zwischen 1961 und 1963:	18 000 000
zwischen 1915 und 1927:	5 000 000	zwischen 1962 und 1964:	19 000 000
zwischen 1923 und 1927:	6 000 000	1963:	20 000 000
zwischen 1920 und 1935:	7 000 000	zwischen 1964 und 1967:	21 000 000
zwischen 1934 und 1941:	8 000 000	zwischen 1965 und 1966:	22 000 000
zwischen 1926 und 1930		zwischen 1966 und 1969:	23 000 000
sowie 1940 und 1944:	9 000 000	zwischen 1964 und 1968:	24 000 000
zwischen 1945 und 1950:	10 000 000	zwischen 1967 und 1969:	25 000 000
zwischen 1949 und 1951:	11 000 000	1969:	26 000 000
zwischen 1951 und 1953:	12 000 000	zwischen 1968 und 1970:	27 000 000
zwischen 1953 und 1955:	13 000 000	zwischen 1969 und 1970:	29 000 000
zwischen 1955 und 1957:	14 000 000	um 1974:	36 000 000
zwischen 1957 und 1958:	15 000 000		

Patek Philippe & Co.
(Achtung: keine kontinuierliche Abfolge von Werknummern und Jahren! Die Liste wurde gegenüber dem Original etwas vereinfacht)

1910 – 1915:	153 939 – 174 240	1955 – 1960:	855 643 – 857 118
1915 – 1920:	174 241 – 193 780	1960 – 1967:	857 119 – 858 252
1920 – 1925:	193 781 – 202 195		
1925 – 1930:	804 122 – 820 750	1936 – 1940:	860 000 – 860 901
1930 – 1935:	820 751 – 824 822	1940 – 1945:	860 902 – 861 021
1935 – 1940:	824 823 – 833 624	1945 – 1950:	861 022 – 861 084
1940 – 1945:	833 625 – 837 648	1950 – 1955:	861 085 – 861 234
1945 – 1950:	837 649 – 839 999	1955 – 1960:	861 235 – 861 405
		1960 – 1962:	861 406 – 861 499
1935 – 1940:	840 000 – 841 194		
1940 – 1945:	841 195 – 842 311	1940 – 1945:	861 500 – 863 488
1945 – 1950:	842 312 – 843 178	1945 – 1950:	863 489 – 864 997
1950 – 1955:	843 179 – 843 656		
1955 – 1960:	843 657 – 843 917	1939 – 1945:	865 000 – 865 982
		1945 – 1950:	865 893 – 866 208
1936 – 1940:	850 000 – 851 300		
1940 – 1945:	851 301 – 852 729	1958 – 1966:	855 500 – 866 520
1945 – 1950:	852 730 – 854 155		
1950 – 1955:	854 156 – 855 642	1946 – 1950:	867 000 – 867 814

1950–1955:	867 815 – 868 720
1955–1960:	868 721 – 869 010
1960–1968:	869 011 – 869 231
1953–1960:	888 000 – 888 148
1960–1965:	888 149 – 888 178

Neue Nummernserie im Jahre 1939:

1939–1946:	900 000 – 912 160
1945–1950:	912 161 – 912 462
1940–1945:	920 000 – 927 499
1945–1950:	927 500 – 929 999
1952–1953:	938 000 – 939 079
1942–1945:	940 000 – 941 063
1945–1950:	941 064 – 943 383
1950–1955:	944 384 – 947 594
1955–1960:	947 595 – 949 999
1946–1950:	950 000 – 954 537
1950–1953:	954 538 – 959 000
1947–1950:	960 000 – 967 056
1950–1952:	967 057 – 969 999
1947–1950:	970 000 – 972 698
1950–1955:	972 699 – 976 480
1955–1960:	976 481 – 977 500
1960–1967:	977 501 – 986 066
1965–1969:	986 067 – 997 500
1969–1970:	997 501 – 999 999

Neue Nummernserie im Jahre 1949:

1949–1955:	700 000 – 704 280

1955–1960:	704 281 – 708 667
1960–1965:	708 668 – 711 639
1965–1970:	711 640 – 712 699
1950–1955:	720 000 – 724 999
1955–1960:	725 000 – 729 406
1960–1961:	729 407 – 729 999
1961–1973:	730 000 – 735 199
1962–1965:	739 700 – 739 734
1953–1955:	740 000 – 743 800
1955–1960:	743 801 – 750 716
1960–1965:	750 717 – 751 195
1953–1955:	760 000 – 761 900
1955–1960:	761 901 – 767 099
1956–1960:	780 000 – 785 179
1960–1965:	785 180 – 797 499
1965–1966:	797 500 – 799 999

Neue Nummernserie im Jahr 1959:

1959–1969:	1 100 000 – 1 101 799
1960–1967:	1 110 000 – 1 115 000
1967–1970:	1 115 001 – 1 116 899
1964–1970:	1 119 000 – 1 119 140
1961–1965:	1 120 000 – 1 122 499
1965–1970:	1 122 500 – 1 129 999
1963–1968:	1 130 000 – 1 139 999
1966–1971:	1 140 000 – 1 159 999
1970–1971:	1 240 000 – 1 244 999

Rolex

(Dieses Nummernverzeichnis berücksichtigt nur die Oyster-Modelle. Bis um 1950 war die Nummer in den Gehäuseboden gestempelt, danach ins Werk)

1927:	30000	1967:	2000000
1931:	40000	1971:	3000000
1935:	50000	1974:	4000000
1938:	100000	1977:	5000000
1942:	200000	1980:	6000000
1945:	300000	1982:	7000000
1946:	400000	1984:	8000000
1948:	500000	1986:	9000000
1955:	1000000	1987:	9999999
1962:	1500000		

Quellen

zu Audemars Piguet: Gisbert L. Brunner, Audemars Piguet – Manufacture d'Horlo-gerie, in: Alte Uhren und moderne Zeitmessung, Heft 4/1986, S. 40

zu IWC: Reinhard Meis, IWC-Uhren, Klagenfurt 1985, S. 162

zu Omega: Anton Kreuzer, Omega-Uhren, Klagenfurt 1990, S. 73 und freundliche Auskunft der Firma Omega, Herrn Marco Richon

zu Patek Philippe: Martin Huber und Alan Banbery, Patek Philippe Geneve, Genf 1988, S. 250f.

zu Rolex: Anton Kreuzer und Gisbert A. Joseph, Rolex, Klagenfurt 1991, S. 49

Das Uhrwerk, Reparaturmöglichkeiten

Außer einem Gefühl für die Qualität eines Armbanduhrwerkes sollte der Sammler auch einige Erfahrungen mit Beschädigungen und Reparaturmöglichkeiten haben, damit er ein Angebot einigermaßen realistisch abschätzen und vor allen Dingen beurteilen kann, ob gravierende und nicht behebbare Schäden vorhanden sind, die einen Kauf auch bei höherem Preisabschlag nicht ratsam erscheinen lassen. Mehr als ein Grundwissen, als einige Grunderfahrungen werden in diesem Rahmen aber nicht zu vermitteln sein; zu einem umfangreicheren Wissen auf diesem Gebiet bedarf es praktischer Erfahrungen.

Es gibt Sammler, die grundsätzlich nur fabrikneue, ungetragene Armbanduhren sammeln. Abgesehen davon, daß es so etwas immer seltener gibt und manche Händler daher die bläuliche Kunststoffolie, die der Hersteller früher zum Schutz des Gehäuses auf dem Deckel anbrachte, heute schon zur Vortäuschung einer ungetragenen Uhr nachträglich auf den Deckel einer sorgfältig abgeschliffenen, natürlich getragenen, Uhr aufkleben – abgesehen davon haben es solche Sammler in diesem Punkt natürlich einfach. Solche Uhren werden aber, wenn sie wirklich ungetragen sind, meist gar nicht in Gang zu bringen sein; das verharzte, fest gewordene alte Öl verhindert die Drehung der Wellen. Sie müssen zunächst einmal gereinigt und frisch geölt werden. Das sollte man übrigens grundsätzlich mit jeder neu erworbenen Uhr machen, gleichgültig wie alt sie ist, denn man weiß ja nicht, wann und mit welcher Sorgfalt die letzte Überholung erfolgte. Es sei denn, ein erfahrener Uhrmacher sagt, daß eine Reinigung zur Zeit nicht notwendig ist.

Besonders bei Uhren von Auktionen oder aus dem Handel wird häufig nur flüchtig und ohne vorheriges Zerlegen der Uhr gereinigt und geölt. Das mag bei einfachen Stücken ausreichen. Aber schon bei solchen mit Zentralsekunde sollte das Federhaus vorher ausgebaut werden, um die Lager des Minutenrades und der Sekundenwelle zu erreichen. So sehen nach einer Reinigung im unzerlegten Zustand alle oberen, frei sichtbaren und ohne Mühe erreichbaren Lager schön sauber aus, die unteren und schwer erreichbaren bleiben aber verschmutzt; Sand- und Staubkörnchen können weiter ihrer zerstörerischen Schmirgeltätigkeit in den Lagern nachgehen.

Diejenigen Sammler, für die auch gebrauchte und getragene Uhren als Sammelobjekte in Frage kommen, sollten ein angebotenes Stück zunächst einer optischen und einer Funktionskontrolle unterziehen, also das Werk auf sichtbare Schäden absuchen, nämlich auf:

● Rostspuren an den Stahlteilen, und zwar entweder noch vorhandene oder chemisch entfernte, die sich durch tiefe Narben in der Stahloberfläche verraten.
● Zerkratzte Stellen auf Platinen und Kloben, besonders im Bereich um den Rücker und an Schrauben, sowie auf abgeschabte Vergoldung auf Platinen, Brücken und Kloben.
● Beschädigte Räder mit vielleicht verbogenen oder abgebrochenen Zähnen.

- Eine verbogene Unruh oder Knickstellen in einer mehrteiligen Kompensationsunruh.
- Fehlende oder falsche Schrauben.
- Eine vielleicht unvollständige Feinreglage, zum Beispiel eine abgeschraubte Schwanenhalsfeder: leere Schraublöcher im Unruhkloben.

Eine Uhr, deren Werk von all dem etwas aufweist, sollte man liegen lassen und schnell vergessen, denn sehr wahrscheinlich hat auch der Gang gelitten und selbst der gutwilligste und geschickteste Uhrmacher wird damit kein befriedigendes Ergebnis mehr erzielen.

Dann sollte man die Zugfeder vorsichtig mit ein oder zwei Kronenumdrehungen aufziehen und dabei die Unruh beobachten. Springt sie spontan an und schwingt lebhaft, so wird das Werk insgesamt in Ordnung sein. Wenn sie nur langsam und unwillig oder mit Nachhilfe (Schütteln der Uhr) in Gang kommt und erst langsam eine befriedigende Schwingungsweite erreicht, kann entweder das Öl verharzt und eine Reinigung erforderlich, oder ein Wellenzapfen so verbogen sein, daß er bremsend auf das gesamte Räderwerk wirkt. Auch sollte man die Unruh während des Schwingens einmal senkrecht von oben und dann möglichst weit horizontal von der Seite unter der Lupe beobachten, um festzustellen, ob sie in einer der beiden Richtungen hin- und herwackelt, also unrund oder unflach schwingt oder gar beides tut, also regelrecht tanzt. Eine tanzende Unruh deutet immer auf Schäden an den Wellenzapfen oder Lagern hin, die aber von einem guten Uhrmacher meistens noch zu beheben sind.

Schließlich sollte man die Krone herausziehen und die Zeigerstellung auf ihre Funktion überprüfen, denn hier können schwierig zu behebende Schäden entstanden sein, wenn die Abnutzungsspuren und Einlaufschäden an den einzelnen Teilen zu groß sind. Besonders bei amerikanischen Uhren ist die Reparatur eines schadhaften Zeigerstellmechanismus fast aussichtslos, da deren Ersatzteile in Deutschland kaum zu beschaffen sind.

Weitere mögliche Schäden sind in der anschließenden Liste aufgeführt, die in vier Abschnitte nach der Wahrscheinlichkeit einer erfolgreichen Reparatur unterteilt ist. Diese Unterteilung ist natürlich subjektiv und aus der Erfahrung mit durchschnittlich guten Uhrmachern und ihrem Können heraus entstanden. Spitzenuhrmacher können noch ohne weiteres Ersatzteile selbst anfertigen, die längst nicht mehr lieferbar sind und bei denen auch der gutwilligste und interessierteste, aber solcher Arbeiten entwöhnte Uhrmacher das Handtuch werfen wird. Solche Spitzenuhrmacher sind allerdings inzwischen extrem selten, und es wäre unrealistisch, ihr Können hier als eine für jedermann erreichbare Beurteilungsgrundlage vorauszusetzen.

Es ist außerdem auch eine Preisfrage, ob es sich lohnt, ein bestimmtes Ersatzteil in teurer Handarbeit anfertigen zu lassen, das dann vielleicht teurer wird als die ganze Uhr. Hier gilt es — sofern man das Glück hat, daß mit einem geeigneten Uhrmacher eine solche Alternative überhaupt technisch möglich ist — eine realistische Kosten-Nutzen-Analyse anzustellen, in welche außer dem Werk auch der Zustand von Gehäuse und Zifferblatt der Uhr einzubeziehen sind sowie natürlich auch deren ideeller Wert.

1. Schäden am Werk, die in der Regel durch Reparatur zu beheben sind:
Starke Verschmutzung, sichtbare Fusseln, verharztes Öl = Reinigung.
Angerostete Stahlteile = bei kleineren Roststellen: wegpolieren. Sonst chemisch entrosten, es können aber unschöne Narben zurückbleiben.
Unruh tanzt (läuft unrund und unflach): entweder Wellenzapfen ist verbogen = gerade biegen, oder Wellenzapfen ist so weit abpoliert, daß er im Lager schlottert = Unruhwelle erneuern oder Unruhkloben etwas tiefer setzen, oder ein Unruh-schenkel ist verwunden = richten.
Unruhreifhälften sind verbogen (bei mehrteiligen Kompensationsunruhen) = richten, neu ausweigen.
Unruh läuft schlecht an, bleibt stehen, schwingt nicht weit genug = entweder Reinigung oder verbogenen Zapfen geradebiegen.
Spirale verbogen, atmet ungleichmäßig, hat Knicke, Windungen berühren sich = richtig biegen.
Falscher Abfall (beim Nulldurchgang der Unruh sitzt der Hebelstein nicht in einer Linie mit der Achse Unruh-Ankerarm-Ankergabel), Hemmung arbeitet unsymmetrisch (das kann man hören) = richten durch Verdrehen der Spiralrolle.
Das Werk oder Teile von ihm sind magnetisch (mit Kompaß prüfen) = entmagnetisieren, aber vorher und nachher den Gang auf der Zeitwaage überprüfen, um feststellen zu können, ob der Magnetismus die Ursache für einen etwaigen Gangfehler war.

2. Schäden, die nur durch Ersatz einzelner Teile zu beheben sind. Ersatz wahrscheinlich noch möglich: gebrochene Zugfeder, verkratzte Schraubenköpfe mit beschädigten Schlitzen, fehlende oder falsch ersetzte Schrauben, gebrochene oder rissige Lagersteine, Unruh- und Aufzugwellen, Winkelhebelfedern, Federkerne, Unruhen, Spiralfedern, Anker, Ankerräder, Stoßsicherungen, Räder mit Trieben u. ä. von feststellbaren Kalibern bekannter und heute noch existierender Firmen, höchstens etwa 30 Jahre alt.

3. Schäden, die nur durch Ersatz einzelner Teile zu beheben sind. Ersatz wahrscheinlich nicht mehr möglich:
Unruh- und Aufzugwellen, Winkelhebelfedern, Unruhen u. ä. unbekannter oder nicht mehr existierender Firmen oder sehr alter Uhren,
defektes Zeigerstellsystem bei amerikanischen Negativaufzügen,
fehlende Schwanenhalsfeder einer ursprünglichen Feinreglage.

4. Schäden, die wahrscheinlich nicht mehr zu beheben sind:
verkratzte Oberflächen von Platinen, Brücken und Kloben, Vergoldung teilweise abgeschabt, starke Einlaufschäden an nicht mit Steinen gefaßten Lagern, stark beschädigte Räder und Triebe mit verbogenen und fehlenden Zähnen, für die kein Ersatz mehr möglich ist,
verbogene, geknickte, unsachgemäß abgefeilte alte zweiteilige Kompensationsunruhen, ausgeschlagene Unruhwelle (Unruh läuft unrund, aber flach).

Legenden der Farbabbildungen

105 (von links nach rechts) Goldene Herrenarmbanduhr in Scharniergehäuse, sign. BWC, Ankerformwerk, 15 Steine, Schraubenunruh, Flachspirale, um 1935.
Herrenarmbanduhr in Bicolor-Scharniergehäuse, sign. Doxa, 15 Steine, Kompensationsunruh, Breguetspirale, um 1930.
Herrenarmbanduhr mit Digitalanzeige für den englischen Markt in Rosé-Gold-Scharniergehäuse, Werk von FHF, 16 Steine, tonneauförmiges Werk, Schraubenunruh, Flachspirale, um 1935.
Herrenarmbanduhr in 10 kt Goldfilled-Gehäuse, sign. Gruen, Curvex Präzision, Zifferblatt restauriert, Kal. 330, 17 Steine, um 1938.
Goldene Herrenarmbanduhr, sign. Vulcain, rundes 15steiniges Ankerwerk, Schraubenunruh, um 1927.

106 Damenarmbanduhr in einem emaillierten Schmuckarmband integriert, Zylinderwerk mit Schlüsselaufzug, um 1860, Deutsches Uhrenmuseum Furtwangen.

107 (von oben nach unten) Breitling-Chronograph »Chronomat« in Stahl, 17 Steine, Glucydurunruh, Breguetspirale, Ende 40er Jahre.
Rotgoldene Kalenderuhr von Omega, Kal. 381, mit 17 Steinen, um 1950.
Goldene Kalenderuhr, sign. Gübelin, 17 Steine, indirekte Zentralsekunde, Glucydurunruh, Breguetspirale, um 1953.
Goldene Kalenderuhr, sign. Tiffany, N. Y., Werk von Movado, Kal. 470, 17 Steine, Glucydurunruh, Breguetspirale, um 1952.
Kalenderarmbanduhr in wasserdichtem Bicolor-Edelstahlgehäuse, sign. Movado, aufgefrischtes Zifferblatt, Kal. 473, mit 17 Steinen, Flachspirale, um 1952.

108

1 Vacheron & Constantin in 18 kt Gold, Ende der 20er Jahre; Blatt mit Breguetzahlen und -zeigern und separater Sekunde; Ankerwerk mit Breguetspirale und 18 Steinen.

2 Patek Philippe-Calatrava in 18 kt Gold mit indirekter Zentralsekunde, Dauphinzeigern; Ankerwerk mit Breguetspirale, Feinregulierung, 20 Steinen und 8 Justierungen, ca. 1945.

3 Patek Philippe rechteckig, Stufengehäuse in 18 kt Gold; Blatt gebürstet. Silber mit aufgelegten Stunden-Indizes, separater Sekunde und Dauphinzeiger; rhodiniertes Form-Ankerwerk, Breguetspirale, 18 Steine und 8 Justierungen, ca. 40er Jahre.

4 Longines 14 kt Gold rechteckig mit konkaven Seiten, Dauphinzeigern und separater Sekunde; Form-Ankerwerk, Flachspirale und 17 Steine; ca. 40er Jahre.

5 Universal »Tri Compax« in 14 kt Gold, Dauphinzeiger und Fenster für Tag, Monat, Mondphase sowie Datumsanzeige und 30-Minuten- und 12-Stunden-Zähler; Chronographenwerk mit Ankerhemmung und Schaltrad, Breguetspirale und 17 Steinen.

6 Rolex »Oyster« in 18 kt Gold in einem wasserdichten, achteckigen, verschraubten Gehäuse; Blatt mit phosphorisierten Zahlen und Zeigern und separater Sekunde; Ankerwerk mit 15 Steinen, »Ultra Prima« Flachspirale und feinreguliert in 6 Lagen; Ende 20er Jahre.

(Fortsetzung der Bildlegenden auf Seite 153)

105

106

109

110

111

112

114

115

116

117

118

119

a b c d

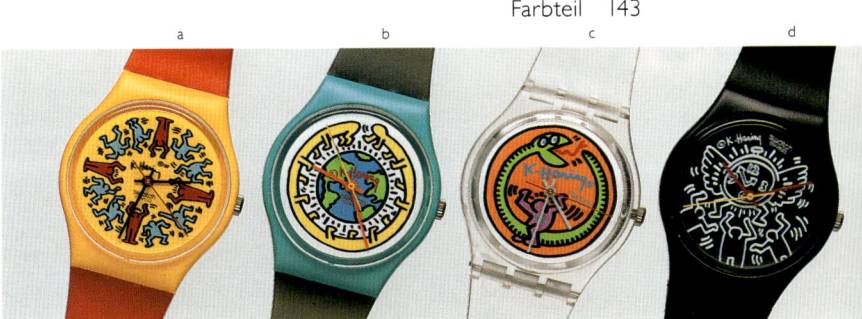

120 a–j

e

f g

h i j

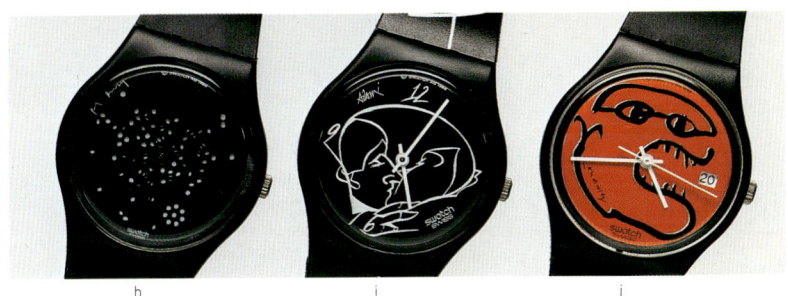

123

124

125

127

128

126

129

130

132

131

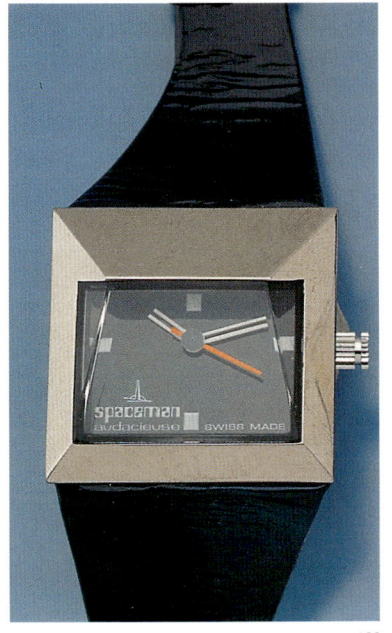

133

134

135

137

138

7   Omega in 14 kt Gold, quadratisches, wasserdichtes und zweiteiliges Gehäuse nach einem Patent von 1936; gebläute Stahlzeiger ohne Sekunde; Ankerwerk mit 15 Steinen.

8   Rolex »Prince« in 14 kt Gold mit spiralig eingedrehten Bandanstößen, Modell »¼ Century Club« des kanadischen Kaufhauskonzerns »Eaton« für verdiente Mitarbeiter, die 25 Jahre im Betrieb gearbeitet haben; Form-Ankerwerk mit Feinregulierung, Breguetspirale, 18 Steinen und 8 Justierungen, Chronometer, 1948.

9   Longines rechteckig in gestuftem Platingehäuse, Blatt mit aufgelegten Brillanten; Form-Ankerwerk, Breguetspirale, 17 Steine und Genfer Streifen, 40er Jahre.

109   Automatik-Herrenarmbanduhr von Harwood, 14 kt Goldfilled-Gehäuse, Hammer-Automatik, 15 Steine, Kompensationsunruh, Flachspirale, Zeigerstellung durch die gerändelte Lünette, um 1929.

110   Armbandwecker in wasserdichtem Stahlgehäuse, sign. Leonidas. Basiskaliber von Venus, Kal. 230, 17 Steine, Schraubenunruh, Flachspirale, nur ein Federhaus, Hammer schlägt auf doppelten Gehäuseboden.

111   Kalenderarmbanduhr »Datograph«, sign. Harvell, verschraubtes Edelstahlgehäuse, 17 Steine, Glucydurunruh, um 1946.

112   Goldene Kalenderarmbanduhr von Jaeger LeCoultre, 7¾ × 11‴, Formwerk, Kal. 486/AW, 17 Steine, Schraubenunruh, Flachspirale, um 1950, Privatbesitz.

113   (von oben nach unten) Goldener Chronograph mit Kalender, sign. Venus, verschraubtes wasserdichtes Gehäuse, Basiswerk von Valjoux, Kal. 88, 17 Steine, Glucydurunruh, Breguetspirale, um 1956.
Bi-Color Stahl vergoldet, Chronograph mit Kalender, sign. Baume & Mercier, Basiswerk von Lemania, Kal. 1883, Glucydurunruh, Flachspirale, um 1988.
Goldener ewiger Kalender von IWC, Ref. 3540, verschraubtes Gehäuse, Automatikwerk mit 21 Steinen, Kal. 3752, Glucydurunruh, Flachspirale.
Goldene Kalenderuhr mit Mondphase, sign. Record-Watch »Datofix«, Kal. 107C, Handaufzug, Flachspirale, um 1952.
Goldene Kalenderuhr von Movado, Kal. 473, gepreßte Chatons, Glucydurunruh, Breguetspirale, restauriertes Zifferblatt, um 1948.

114   Werkansicht der Abb. 5, Hammerautomatik von Harwood (erste in Serie von Schild S. A. produzierte Automatikarmbanduhr), 1929.

115   Werkansicht einer Eterna-Damenautomatik mit Hammeraufzug, Kal. 1034H mit indirekter Zentralsekunde, um 1943.

116   Werk einer Damenautomatik von IWC, Kal. 44, rubingelagerter Rotor, beidseitig aufziehend, um 1956.

117   Werk einer Herrenarmbanduhr, sign. Buren, Grandprix-Automatik mit Pendelschwungmasse, Kal. 525, um 1945.

118   Werk einer Damen-Automatikarmbanduhr von Omega, »Ladymatic«, Kal. 455, mit beidseitig aufziehendem Rotor, um 1955.

119 Werk einer Herren-Automatik-armbanduhr, sign. Corum, Werk von F. Piguet, Kal. P70, mit einseitig aufziehendem Rotor.

120 Diverse Swatch-Modelle
a Keith Haring, Modèle avec personnages, 1985, GZ 100
b Keith Haring, Mille Pattes, 1986, GZ 103
c Keith Haring, Serpent, 1986, GZ 102
d Keith Haring, Blanc sur noir, 1986, GZ 104
e Scuba 200, Sea grapes, 1992, SDK 105
f Kiki Picasso (Art Collection), 1985
g Mimmo Paladino, OIGOL ORO, 1989, GZ 113
k Fondation Maeght, Pol Bury, 1988, GZ 110
i Fondation Maeght, Valerio Adami, 1988, GZ 111
j Fondation Maeght, Pierre Alechinsky, 1988, GZ 401

121 (von oben nach unten) Kalender-armbanduhr mit ungewöhnlicher Anzeige, Bi-Color Rotgold/Stahl, von Universal, Genf, Handaufzug, 15 Steine, Kal. 291, Glucydurunruh, Breguetspirale, um 1944.
Stahlarmbanduhr von Vacheron & Constantin, mit ungewöhnlich großer flacher Krone, indirekte Zentralsekunde, vergoldetes Brückenankerwerk, 17 Steine, Kompensationsunruh, Breguetspirale, 1936.
Stahlarmbanduhr von Movado, »Chronoplan« mit zwei Drehlunetten, Handaufzug, Kal. 150M, mit 15 Steinen, Kompensationsunruh, Breguetspirale, eingepreßte Goldchatons, um 1942.
Kalenderarmbanduhr mit Tag-/Datumsanzeige von Jaeger LeCoultre, Stahlgehäuse, Formankerwerk, 16 Steine, Glucydurunruh, Flachspirale, um 1950.
Rechteckige Stahlarmbanduhr, sign. Vacheron & Constantin, Tankform, 16 Steine, tonneauförmiges Ankerwerk, Schraubenunruh, Flachspirale, um 1940.

122 Taucheruhr für Berufstaucher, Omega Seamaster Professional 600, bis 600 m wasserdicht, Krone mit Sicherheitsverriegelung, Heliumventil, 24steiniges Automatikwerk mit beidseitig aufziehendem Rotor, Glucydurunruh, Flachspirale, 1977.

123 Goldene Skelett-Herrenarmbanduhr in einem Wendegehäuse von Kurt Schaffo, Le Locle, Automatikwerk Piguet 71, 21 kt Goldrotor, Perlmuttzifferblatt mit römischen Zahlen.

124 Unterzifferblattansicht mit der Kalendermechanik eines ewigen Kalenders in einer Armbanduhr, sign. Urban Jürgensen, Söner/Kopenhagen

125 Bi-Color-Damenautomatikarmbanduhr, sign. Rolls, Ato, mit Rüttelaufzug, gefertigt von Blancpain, um 1930.

126/129 Zwei Schmuckarmbanduhren in Weißgold- bzw. Emailgehäuse mit Edelsteinbesatz, sign. Flore, ovale Formankerwerke. 20er Jahre.

127 Damenarmbanduhr mit roter Zwölf in Silberemailgehäuse, auf dem Werk sign. Cyma, um 1915, Privatbesitz.

128 Quadratische silberne Damenarmbanduhr mit roter Zwölf, rundes anonymes Schweizer Brückenwerk.

130 Herrenarmbanduhr Hamilton Electric in asymmetrischem 10 kt Gold-filled Gehäuse, Elektronik Kal. 505, um 1961.

131 Frühe Quarzarmbanduhr von Omega »Megaquarz«, mit Datum, Stahlgehäuse, Goldlünette, Kal. 1510, Frequenz 2,4 m Hz, Zifferblatt aus Aventurin mit Sternenhimmel, um 1972.

132 Stahlarmbanduhr mit früher Digitalanzeige von Omega, um 1972.

133   Designerarmbanduhr Spaceman, Audiacieuse, Kunststoffgehäuse, Handaufzug.

134   (von links nach rechts) Flieger B-Uhr von Laco, Edelstahlgehäuse, 22′′′, Brückenwerk von Durowe, 22 Steine, Guillaumeunruh, Breguetspirale, um 1940.
Taucheruhr von Rolex für die italienische Marine, »Luminor Panerei«, Krone mit Sicherheitsverriegelung, 16′′′, 17 Steine, 40er Jahre.
Flieger B-Uhr von Lange & Söhne, Glashütte, 22′′′, ¾-Platinwerk, Feinregulierung, anhaltbare Zentralsekunde.

135   (von links nach rechts) Verschiedene Militäruhren mit schwarzem Blatt, Edelstahlgehäuse und teilweise anhaltbarer Zentralsekunde.
von Cyma und Longines für das englische Militär und Jaeger LeCoultre.

136   Drei Militäruhren (von links nach rechts) Automatikarmbanduhr mit Datum in verschraubtem Edelstahlgehäuse, von Breguet, Ref. 1652, 12′′′, 18 Steine, um 1950.
Große, sehr seltene Fliegerarmbanduhr von Patek Philippe, 19′′′, Qualität extra, 21 Steine. Der Sekundenzeiger macht eine Umdrehung in 4 Minuten, dabei rückt der Minutenzeiger 1 Grad vor und braucht so vier Stunden für einen Umgang. Der Stundenzeiger bewegt sich in diesem Zeitraum 60 Grad vorwärts und braucht so 24 Stunden für einen Umlauf. Um 1936.
Militärchronograph von Breguet, Typ 20, Ref. 4358, hergestellt für CEV (französ. Zentrum der Testflieger), Basiswerk 14′′′ von Valjoux, 17 Steine

137   Sogen. Schuluhr der Uhrmacherschule von Genf, Werk von Patek Philippe, Kal. 21, 12′′′, 18 Steine, 5 eingepreßte Chatons, Breguetspirale, Feinregulierung, Genfer Siegel, um 1945.

138   Genfer Siegel, eingraviertes Zeichen, das die höchste Genfer Uhrmachertradition bestätigt, hier in einem Armbandchronometer von Vacheron & Constantin, um 1956.

139   Kissenförmige Rolex Oyster, Modell R 42, 20er Jahre mit schlecht aufgefrischtem Zifferblatt (falsche Schrifttype, zu schmal laufend).

Das Zifferblatt, Konstruktion und Restaurierung

Mit der Feststellung, das Zifferblatt sei das Gesicht einer Uhr, bin ich keineswegs der erste – und werde mit dieser Feststellung auch gewiß nicht der letzte sein. Das Gesicht des Menschen dient nicht nur der Kommunikation, es zeigt auch die Stimmungen und Gefühle, die Befindlichkeit des Menschen dahinter.

So vielseitig und beweglich ist das Zifferblatt, das Gesicht der Uhr natürlich nicht, ist es doch nur ein Stückchen bedruckten und gefärbten Metalls. Aber die Befindlichkeit des dahinter befestigten Werkes kann es – außer seiner kommunikativen Primärfunktion, nämlich der Anzeige der Zeit – auf seine Weise auch ganz gut ausdrücken, wenn man sie zu deuten versteht: Ein schlecht erhaltenes, verkratztes und oxidiertes Zifferblatt sitzt selten auf einem perfekt erhaltenen, sondern meist auf einem ähnlich abgenutzten Uhrwerk. Ein gut erhaltenes, aber verblichenes und vergilbtes Blatt zeugt meist von einer geschonten, dennoch aber reichlich angejahrten Uhr. Und einem perfekt erhaltenen Zifferblatt entspricht in der Regel auch ein ebenso guterhaltenes Werk, eine insgesamt neuwertige Uhr. Ausnahmen wird es, besonders in letzterem Fall, immer geben: so wird häufig ein »geliftetes« Gesicht, das heißt, ein erneuertes Zifferblatt, auf einem älteren und abgenutzten Werk sitzen.

Von diesem »Facelifting« des Armbanduhrzifferblattes wird anschließend noch die Rede sein. Häufig können wir jedoch den Zustand des Zifferblattes nach den oben erwähnten, schlichten Grundsätzen als ganz guten Indikator für den Zustand des Werkes ansehen.

In den jüngst vergangenen Jahrzehnten, als die mechanische Armbanduhr ein alltäglicher Gebrauchsgegenstand war, galt es als selbstverständlich, schadhaft und unleserlich gewordene Zifferblätter aufzuarbeiten, das heißt ihre Oberfläche zu erneuern. In schöner Selbstverständlichkeit schrieb Hans Jendritzki in »Der moderne Uhrmacher« (Lausanne 1978, S. 40): »Metallzifferblätter lassen wir auffrischen.«

Heute, da diese Uhren zu Sammelobjekten geworden sind, als historische Zeitmesser und gelegentlich sogar schon als Antiquitäten behandelt werden, beginnt hier und da die Einstellung zur Zifferblattauffrischung sich zu ändern, das heißt, vorsichtiger zu werden. Der strenge historische Originalitätsstandpunkt, nach dem eine historische Uhr in dem vorgefundenen Zustand zu erhalten ist (Ernst von Bassermann-Jordan in »Uhren«, 1923: »...Alles an der Uhr sollte gut und ursprünglich erhalten sein, auch das Werk. Umarbeitung oder Erneuerung am Werke ebenso wie am Gehäuse ist eine Entwertung der Uhr als Antiquität.«), wird bei Armbanduhren zwar erst selten vertreten. Es ist jedoch wahrscheinlich, daß er sich im Laufe der Zeit mit zunehmendem zeitlichen Abstand und in dem Maße, in dem Armbanduhren auch Museumsobjekte werden, weiter verbreiten wird.

Heute wird noch überwiegend nach der Auffassung gehandelt, daß Funktionalität vor Originalität geht. Und vom Funktionalitätsstandpunkt ist eine

Zifferblattoberfläche zu vergleichen mit etwa einer Unruhwelle, Spirale oder Zugfeder: wenn das Teil so beschädigt ist, daß es seine Funktion nicht mehr erfüllen kann, ist es zu erneuern. Der Wert eines Zifferblattes wird auch nicht durch die Restaurierung an sich geschmälert, sondern nur durch eine qualitativ schlechte oder verfälschende Restaurierung. Eine gute, das heißt, das Original sorgfältig rekonstruierende und in der handwerklichen Qualität einwandfreie Restaurierung erhält dagegen den Wert der Uhr, kann ihn unter Umständen sogar erhöhen. Aber hier wird es immer Auffassungsunterschiede zwischen dem »Funktionalisten« und dem »Historiker« geben.

Der Sammler muß also zunächst seinen persönlichen Standpunkt in dieser Frage finden, und er sollte ein restauriertes Zifferblatt erkennen und die Qualität der Restaurierung beurteilen können, da diese ihren Niederschlag im Preis der Uhr finden muß.

Es scheint, daß ein solches Qualitätsbewußtsein zur Zeit noch wenig entwickelt ist, denn bei den meisten mit restaurierten Blättern angebotenen Armbanduhren sind diese Restaurierungen von schlechter Qualität. Besonders auf Auktionen nehmen Armbanduhren mit offensichtlich im Schnellverfahren schlecht und flüchtig restaurierten Blättern in starkem Maße zu. Solche Restaurierungen sind natürlich billiger als gute, denn die Uhren sollen auf der Auktion zwar gut aussehen, aber zu teuer darf die Restaurierung nicht sein, weil das vom Gewinn des Einlieferers und des Auktionators abgeht – so lange jedenfalls, wie sich solche entwerteten Uhren noch gut absetzen lassen. Und man muß die Beobachtung machen, daß bisher Armbanduhren mit schlecht restaurierten Blättern zu ähnlichen Preisen zugeschlagen werden wie original erhaltene.

Viel vernünftiger wäre es, die Uhren mit defektem Blatt zu versteigern und den Käufern die Qualität von deren Restaurierung zu überlassen. Aber dazu müßte der Auktionator über sich selbst hinauswachsen und Preisabschläge in Kauf nehmen, die höher sind als die Kosten dieser billigen Restaurierungen. Ein solches Verhalten wird man aber erst dann von Auktionatoren erwarten können, wenn sie die billig und schlecht restaurierten Uhren nicht mehr loswerden. Diese schlechten Restaurierungen, für welche noch einige Bildbeispiele gebracht werden, um das Qualitätsgefühl zu entwickeln – obwohl Fotos dies längst nicht so gut können wie originale Zifferblätter – haben andererseits den Vorteil, daß man sie mit etwas Erfahrung leicht erkennen kann. Bei einem perfekt restaurierten Blatt wird man die Restaurierung unter Umständen gar nicht erkennen, denn genau dies macht ja einen wesentlichen Teil ihrer Güte aus und ist die Konsequenz aus der Tatsache, daß die Anfertigung der Restaurierung handwerklich nach genau demselben Verfahren erfolgt wie die Herstellung eines neuen Zifferblattes. Aber diese Beobachtung wird nur den »Historiker« plagen, nicht den »Funktionalisten«.

Nun zu den sachlichen Details. Die Trägerplatte des metallischen Armbanduhrzifferblattes besteht meist aus Messing, seltener aus Kupfer und noch seltener einmal aus massivem Silber. Auf ihrer Rückseite sind zwei senkrechte Stifte (Füße) angelötet, mit denen das Blatt am Werk befestigt wird. Die Vorderseite wird galvanisch versilbert oder vergoldet, schwarze Blätter erhalten entweder einen schwarzen Lacküberzug oder werden ebenfalls galvanisch geschwärzt. Diese Oberfläche wird abschließend durch einen Überzug aus Zaponlack vor dem Oxidieren geschützt. In der Frühzeit der Armbanduhr gab es auch emaillierte Blätter, die aber dann von den galvanisch versilberten oder vergoldeten verdrängt wurden.

Für die Anbringung der Aufschriften und Ziffern gibt es verschiedene Verfahren. Das einfachste, zugleich auch am wenigsten haltbare ist das Aufdrucken aller Informationen mit Stempeln. Die Druckplatte besteht aus Stahl, die Schriftzüge sind in diese vielfach verwendbare Stahlplatte eingeätzt. Für den Druck werden die Vertiefungen der Platte eingefärbt, dieser Farbauftrag wird mit einem Tampon oder Gelatinekissen als Stempel abgedrückt und an der gewünschten Stelle des Zifferblattes aufgedruckt. Manche Chronographenblätter haben verschiedenfarbige Skalen, von denen jede einen eigenen Druckvorgang erfordert. Eine Variante besteht darin, bestimmte Ziffern (etwa die Drei, Sechs, Neun und Zwölf) einzufräsen und diese gefrästen, V-förmigen Schlitze zu vergolden.

Die nächstbessere Qualität ist das Reliefblatt; so genannt, weil hier die Ziffern und teilweise auch die Aufschriften von der Rückseite aus eingeprägt werden, so daß sie sich auf der Vorderseite als Relief leicht vom Blatt erheben. Dessen Rückseite wird anschließend so weit abgeschliffen, daß die Vertiefungen der eingeprägten Zeichen verschwinden. Anschließend wird das Blatt galvanisch versilbert, vergoldet oder geschwärzt und zaponiert. Dieser Überzug wird dann von den Stirnseiten der Reliefziffern abgeschliffen, deren Flächen nun besonders vergoldet werden (Abb. 143). Ein Reliefblatt ist also leicht daran zu erkennen, daß nur die Stirnseiten der leicht erhabenen Ziffern extra vergoldet sind, während deren Flanken die Versilberung oder Vergoldung der Blattfläche tragen. Die Minuterie und der Firmenname werden bei Reliefblättern meist aufgedruckt.

Die qualitätvollsten Zifferblätter sind diejenigen mit Appliken. Hier werden die in einem besonderen Arbeitsgang aus Gelb-, Rot- oder Weißgold geprägten, selbständigen Ziffern (Abb. 143) nach dem galvanischen Überzug auf das Zifferblatt aufgenietet. Auch bei diesen Blättern werden Minuterie und andere Aufschriften meist aufgedruckt. Bei sehr qualitätvollen Blättern, etwa von Patek Philippe, werden sie mitunter emailliert, das heißt die Aufschrift wird graviert, die Vertiefungen mit Email ausgefüllt und anschließend gebrannt. Diese Zifferblätter sind die dauerhaftesten; ihre Lebensdauer wird von dem am wenigsten haltbaren Teil, nämlich der galvanischen Versilberung der Blattfläche, bestimmt beziehungsweise begrenzt.

Galvanisch oberflächenbehandelte Zifferblätter sind fast ebenso empfindlich wie Emailblätter. Jeder Kratzer ist unlöschbar eingeprägt, Ausbesserungen sind nicht möglich. Bei einer schadhaft oder brüchig gewordenen Zaponlackschicht, die übrigens im Laufe der Zeit vergilbt, beginnt die Versilberung zu oxidieren. Blankreiben nutzt nicht viel und nimmt außerdem die dünne galvanische Schicht ab, und bei Feuchtigkeit wird es später zu Rostaufbrüchen kommen.

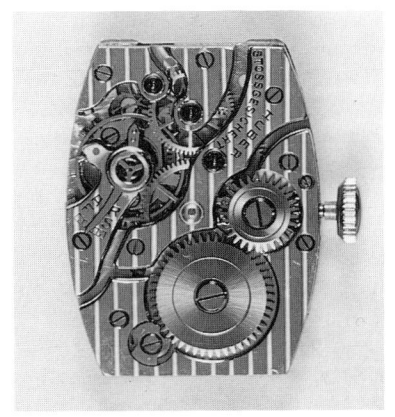

140   Hochwertige Armbanduhr von
Waltham, Modell »Riverside Maximus«
mit typisch amerikanischem Zierschliff.

141   Schweizer Armbanduhrwerk für
Huber, München, gefertigt mit Genfer
Streifenschliff, vierziger Jahre.   ▷△

142   Soldatenarmbanduhr des Ersten
Weltkrieges von Movado, Ankerwerk
mit 17 Steinen, 4 verschraubten Chatons, bimetallischer Kompensationsunruh und Breguetspirale. Oberflächen
mit Perlageschliff.

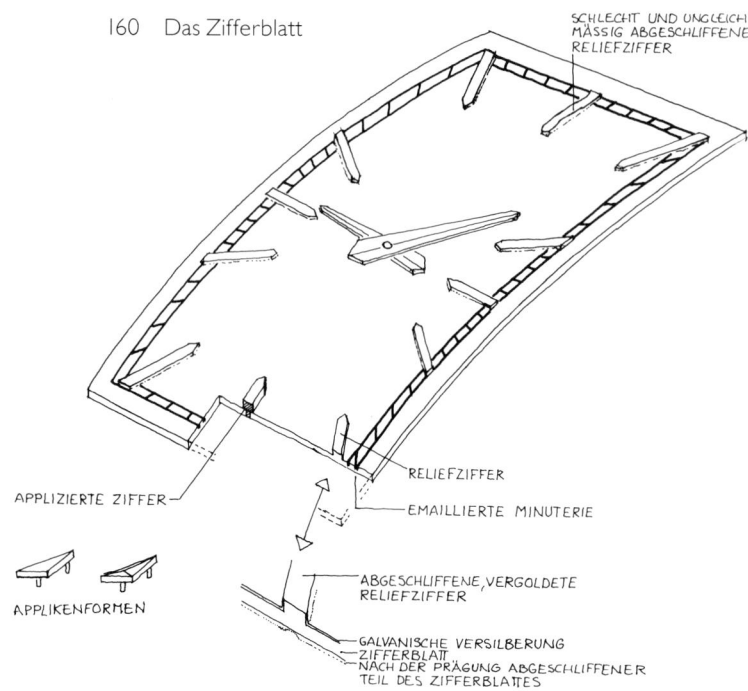

SCHLECHT UND UNGLEICH-
MÄSSIG ABGESCHLIFFENE
RELIEFZIFFER

RELIEFZIFFER

APPLIZIERTE ZIFFER

EMAILLIERTE MINUTERIE

APPLIKENFORMEN

ABGESCHLIFFENE, VERGOLDETE
RELIEFZIFFER

GALVANISCHE VERSILBERUNG
ZIFFERBLATT
NACH DER PRÄGUNG ABGESCHLIFFENER
TEIL DES ZIFFERBLATTES

143   Konstruktion und Aufbau eines
Armbanduhrzifferblattes.

Allgemein kann man sagen, daß diese modernen galvanisierten Armbanduhrzifferblätter mit Sicherheit nicht die Lebensdauer von Emailzifferblättern haben werden, die bei sorgfältiger Aufbewahrung noch nach über 300 Jahren makellos sein können, während das Armbanduhrblatt normalerweise nach 50 bis 60 Jahren verbraucht ist. Da ihre Lebensdauer auch kürzer ist als die der Gehäuse und Werke, hat die Aufarbeitung hier durchaus ihre Berechtigung.

Ist ein Zifferblatt so stark beschädigt, daß es optisch sehr stark beeinträchtigt ist oder die Zeit oder Zusatzindikationen nicht mehr abgelesen werden können, so hilft nur eine totale Erneuerung der Blattoberfläche. Dabei wird zunächst die gesamte Oberflächenschicht abgeschliffen oder abgebeizt. Die anschließenden Arbeitsgänge des Aufbringens der neuen Schichten sind genau die gleichen wie bei der soeben beschriebenen Herstellung eines neuen Zifferblattes.

Bei der guten, sorgfältigen Aufarbeitung eines Blattes mit Appliken werden deren Vernietungen vorsichtig gelöst, die Appliken abgenommen und nach der Neuversilberung wieder aufgesetzt. Bei einer schlechten, flüchtigen Restaurierung bleiben die Appliken wegen der Zeitersparnis auf dem Blatt, werden mit überversilbert und anschließend abgeschliffen und vergoldet: werden also behandelt wie Reliefziffern und sehen anschließend auch so aus, da die ursprünglich ebenfalls goldenen Flanken der Appliken jetzt Material und Farbton der Zifferblattfläche haben. Die besondere Plastizität und Eigenständigkeit der meist stark erhabenen und häufig eigenwillig polygon geformten Appliken geht damit völlig verloren.

Eine emaillierte Minuterie, Firmeninschrift oder Verzierung, bei der die Schrift vertieft in das Blatt eingebrannt ist, ist nicht nur viel dauerhafter als ein Aufdruck, sondern auch viel unproblematischer bei der Aufarbeitung. Ein solches Blatt kann gänzlich abgeschliffen werden, ohne daß die emaillierten Zeichen darunter leiden.

Eine schlechte Aufarbeitung beginnt schon bei der Druckplatte, die um so teurer ist, je präziser und feiner die eingeätzten Formen der Schriftzüge sind, denn deren etwaige Unregelmäßigkeiten und unsauberen Kanten werden vom Stempel getreulich reproduziert. Kommt ein Farbüberschuß am Stempel hinzu, so wirken die neuen Aufdrucke zu fett, unsauber und unregelmäßig (Abb. 146). Die Zeichen können wie übergelaufen aussehen oder bei nicht sorgfältiger Plazierung des Stempels sogar verrutschen.

Viele Fehler durch unsorgfältige, zu schnelle Arbeit entstehen auch bei der Aufarbeitung von Reliefblättern. Hier werden häufig nach der Versilberung die Reliefzeichen nicht sorgfältig genug abgeschliffen. Dann sind die Konturen unregelmäßig, was besonders bei geraden Balkenziffern unangenehm auffällt. Zahlen und Buchstaben werden durch dieses ungenaue Abschleifen in ihrer Erscheinung willkürlich verändert. Ein solches Blatt sieht dann so aus, als habe die Flächenversilberung auch die vorstehenden Zahlen überschwemmt. Es kommt vor, daß die Stirnfläche der Ziffern schräg und unregelmäßig weggeschliffen wird. An diesen Unsauberkeiten bei der Freilegung der Reliefziffern sind Aufarbeitungen – und zwar schlechte – am besten zu erkennen (Abb. 148).

Eine weitere Fehlerquelle sind nicht dem Original entsprechende, mitunter deutlich verfälschende neue Aufdrucke. Bei dieser vertieften kleinen Sekunde (Abb. 149) wäre eine viel größere Sekundeneinteilung richtig gewesen, welche den vertieften Kreis voll ausgenutzt hätte. Der Restaurator wird wahrscheinlich keine Druckplatte in der richtigen Größe gehabt haben, und so hat er zur nächstbesten gegriffen. Wahrscheinlich wird auch die Minuterie dieses Blattes ursprünglich anders ausgesehen haben: nicht diese isolierten radialen Striche ohne Zusammenhang, sondern deren kammartige Zusammenbindung mit einer konzentrischen Linie.

Es werden häufig auch die firmentypischen Eigenarten einer Signatur oder Minuterie nicht beachtet und anstelle der dem Original entsprechenden irgendwelche immer (oder nie) passenden Allerweltszeichen verwendet. Dies wird jedoch nur der Spezialsammler einer Marke erkennen können. Aber einmal auf solche Weise durch untypische Zeichen verdorben, ist die Individualität einer Uhr endgültig verloren, ihr Wert damit stark beeinträchtigt. Endgültig deshalb, weil

144/145   Omega Chronostop mit originalem Zifferblatt (links) und schlecht restauriertem, gefälschtem Zifferblatt (rechts).

146   Schlecht restauriertes Zifferblatt mit zu fettem Druck und unsauber abgeschliffenen Stundenpunkten.

147   Gut gearbeitetes Zifferblatt mit einwandfreien Reliefziffern und perfektem Druck.

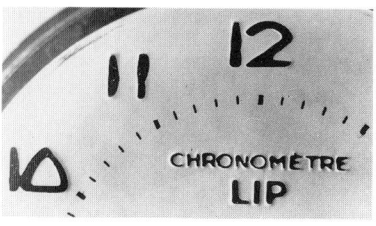

148   Schlecht restauriertes Zifferblatt mit unsauber freigelegten Reliefziffern.

nach dem völligen, spurenlosen Abschleifen des originalen Blattes und einer falschen, das heißt dem Original nicht entsprechenden Erneuerung die Information darüber, wie das Blatt ursprünglich aussah, verloren ist. Es sei denn, es entsprach einem bestimmten, in großer Zahl immer gleich produzierten Typ, dessen Aussehen anhand eines anderen Exemplares reproduzierbar ist, oder es wurde fotografisch dokumentiert.

Es sei noch erwähnt, daß die wenigen (nur drei) deutschen Firmen, die Zifferblätter von Armbanduhren restaurieren, wegen des Armbanduhrenbooms über Arbeit wahrlich nicht klagen können. Die Folge für den Sammler ist, daß er einige Geduld aufbringen muß: mindestens acht Wochen beträgt die durchschnittliche Wartezeit, wenn man ein Zifferblatt zum Aufarbeiten in Auftrag gegeben hat. Und wenn erst eine neue Druckplatte angefertigt werden muß, kann sich die Wartezeit mühelos verdoppeln.

149 Schlecht und falsch restauriertes Zifferblatt einer Armbanduhr von LIP.

Das Zifferblatt, Fälschungen

Ein Zifferblatt kann aber nicht nur aus Flüchtigkeit, Bequemlichkeit oder Desinteresse verfälscht, sondern auch bewußt, in der Absicht des Betruges gefälscht werden. Die Möglichkeiten der Fälschung bei einem vorgefundenen, älteren Blatt bestehen einmal in dem zusätzlichen Aufdruck einer verkaufsfördernden oder preissteigernden Information wie zum Beispiel »Chronometer« oder eines illustren Firmennamens auf ein nicht signiertes Blatt. Man achte daher beim Kauf sorgfältig auf Aufschriften, bei denen die eine oder andere Zeile einen auffällig anderen Duktus oder eine andere Farbe hat als die übrigen.

Noch mehr Fälschungsmöglichkeiten ergeben sich bei der Aufarbeitung eines Blattes, da hier der Restaurator, der ja zunächst ein völlig leeres Blatt vor sich hat, theoretisch frei ist in dem, was er auf das Blatt aufdruckt, beziehungsweise nur dem Kundenauftrag und seinem eigenen Gewissen verpflichtet ist. Ein gutes Beispiel für eine schlechte Restaurierung, zusammen mit einer Fälschung, ist dieses Zifferblatt (Abb. 144/145) einer Omega Chronostop, einer preiswerten Handaufzugsuhr mit einem Drücker für den Stopp- und Nullstellungsmechanismus, die Omega zu den Olympischen Spielen 1968 in Mexiko auf den Markt brachte.

Das originale Zifferblatt ist anthrazitgrau und hat weißgoldene Ziffern, eine weiße Minuterie und ebenso weiße Aufschriften: »Omega Chronostop Geneve«. Das Ω-Zeichen ist rot. Bei der Aufarbeitung wurde dieses Blatt weiß, die keilförmigen Ziffern-Appliken wurden wie Reliefziffern unsauber abgeschliffen, Minuterie und Aufschriften wurden schwarz, aus »Chronostop« wurde das verkaufsfördernde und preiserhöhende »Chronometer«, und die Herkunftsbezeichnung »Geneve« wurde weggelassen. Also ein völlig verfälschtes Zifferblatt, das nichts mehr mit dem schönen und dezent-eleganten Original zu tun hat und das außerdem durch die Chronometer-Aufschrift zur Fälschung wurde; Omega hat dieses Modell nie in Chronometerqualität hergestellt.

Bei erneuerten Blättern berühmter Marken oder besonders begehrter, teurer Modelle sollte man eine erhebliche Portion Mißtrauen mitbringen und besonders die Gehäuse- und Werksaufschriften mit denen des Zifferblattes auf Unstimmigkeiten vergleichen. Zum Beispiel ist eine Zifferblattaufschrift »Chronometer« auf einer Uhr mit der Werksaufschrift »unadjusted« immer mit Skepsis zu betrachten wegen des klaren Widerspruchs, obgleich dies bei einer Exportuhr in die USA wegen deren speziellen Zollvorschriften auch seine Richtigkeit haben kann (zum Stempel für ein Exportwerk siehe S. 128).

Die Kenntnis bestimmter Eigenheiten einer Firma bei ihrer Zifferblattgestaltung hilft bei der Beurteilung der Qualität eines erneuerten Blattes. Häufig werden zum Beispiel die begehrten frühen Rolex Oyster-Modelle, etwa die Bubble Backs, durch die Wahl eines besonders beliebten Zifferblattdesigns bei dessen Aufarbeitung gleich um bis zu 1000 DM teurer gemacht. Der aufmerksame Sammler wird immer wieder solche Beispiele entdecken und bald lernen, sich vor zu plumpen Betrugsversuchen zu schützen.

Literaturverzeichnis

(G) bezeichnet wichtige Grundlagenliteratur
Abkürzungen: Zeitschrift »Alte Uhren und moderne Zeitmessung« = AU

Abeler, Jürgen, Meister der Uhrmacherkunst, Wuppertal 1977

Aßmus, Friedrich, Lohnt sich das Sammeln elektrischer Uhren? in: Schriften der »Freunde Alter Uhren« Nr. XXX/1991

Baillie, G. H., Watchmakers & Clockmakers of the World, Band 1, London 1982. Band 2 von Brian Loomes, London 1976

Berner, G.-A., Dictionnaire Professionnel Illustré de l'Horlogerie, La Chaux-de-Fonds 1988

Bassermann-Jordan, Ernst von, Uhren, 1923

Brunner, Gisbert L., Mechanische Armbandchronometer aus der Manufaktur von Junghans in Schramberg/Schwarzwald, in: AU 4/1982

Brunner, Gisbert L., Armbanduhren für besondere Zwecke, in: AU 2/1985

Brunner, Gisbert L., Armbanduhren mit »ewigem« Kalender – ein Vergleich, in: AU 4/1985

Brunner, Gisbert L., Audemars Piguet – Manufacture d'Horlogerie, in: AU 4/1986

Brunner, Gisbert L., Blancpain – Uhrmacherei mit 250jähriger Tradition, in: AU 1/1988

Brunner, Gisbert L., Armbanduhren, München 1990 (G)

Brunner, Gisbert L., Eterna – 135 Jahre Präzisionsuhrmacherei, in: AU 5 und 6/1991

Disanto, Enrico, Punzen und Signaturen in Uhrengehäusen, in: AU 6/1990

Eberhart, Ueli, Auktionen verständlich erklärt, in: AU 3/1990

Eder, Norbert, Beobachtungsuhren, München 1987

Faber, Edward und Steward Unger, Amerikanische Armbanduhren, München 1989

Fabricants Suisses d'Horlogerie, Les (Hrsg.), Offizieller Katalog der Ersatzteile der Schweizer Uhr, 2 Bände, Soleure / La Chaux-de-Fonds 1949

Habinger, Otto, Tourbillon-Konstruktionen bei Armbanduhren, in: AU 1/1984

Haider, Jacobs, Zimmermann, Mechanische Armbandstoppuhren-Chronographen, Wien 1988

Hampel, Heinz, Automatic Armbanduhren, München 1992

Huber, Martin, Basel im Goldgräberrausch, in: AU 3/1989

Huber, Martin und Alan Banbery, Patek Philippe Geneve, Genève 1982

Huber, Martin und Alan Banbery, Patek Philippe Geneve Armbanduhren, Genève 1988

Humbert, B., Der Chronograph, La Conversion 1990

Jacobs, Zimmermann, Mechanische Armbanduhren mit Komplikationen,
    Wien 1991

Jendritzki, Hans, Der moderne Uhrmacher, Lausanne 1978, 5. Auflage La Conver-
    sion 1988 (G)

Kahlert, Helmut, Richard Mühe, Gisbert L. Brunner, Armbanduhren,
    München 1990 (G)

Kreuzer, Anton, Omega-Uhren, Klagenfurt 1990

Kreuzer, Anton und Gisbert A. Joseph, Rolex, Klagenfurt 1991

Lang, Rüdiger und Reinhard Meis, Chronographen-Armbanduhren,
    München 1992

Mann, Helmut, Porträt einer Taschenuhr, München 1981

Maurice, Klaus, Schöne Uhren des 17.–19. Jahrhunderts, die Penduluhren der
    Sammlung S.; nebst einem Essay über die Frage, warum sammelt man Uhren,
    wenn man damit weder mehr noch bessere Zeit gewinnt, München 1990

Meis, Reinhard, IWC-Uhren, Klagenfurt 1985

Osterhausen, Fritz von, Armbanduhren-Chronometer, München 1990

Osterhausen, Fritz von, Movado – immer in Bewegung, in: AU 3 und 4/1991

Picker, Günther, Antiquitäten, Kunstgegenstände (Beck-Rechtsberater),
    München 1988 (G)

Pfeiffer-Belli, Christian, Uhrenmuseen und Sammlungen historischer Zeitmesser,
    München 1992

Schmeltzer, Bernhard, Taschen- und Armbanduhren richtig sammeln und bewer-
    ten, Duisburg 1988

Viola, Gerald und Gisbert L. Brunner, Zeit in Gold, Armbanduhren, München 1988

Bildnachweis

Titel: G. v. Voithenberg, München; Vorsatz: Christie's, London
2–5: Archiv Verlag
6: Patek Philippe, Genf
7, 8: Archiv Verlag
9, 10: Dr. Heitmann
11: G. v. Voithenberg, München
12: Audemars Piguet, Le Brassus
13: Antiquorum, Genf
14: Dokumentation A. Lange, Glashütte
15: B. Breitsprecher, Pforzheim
16, 17: F. v. Osterhausen
18: Auktionshaus Josef, Mönchengladbach
19: N. Eder / G. v. Voithenberg, München
20: Patek Philippe, Genf
21: Auktionshaus Dr. Crott, Aachen
22, 23: Henry's Auktionshaus, Mutterstadt
24: Cartier, Paris
25: Omega Museum, Biel
26: Archiv Verlag
27: B. Breitsprecher, Pforzheim
28: Archiv Mido
29. F. v. Osterhausen
30, 31: Henry's Auktionshaus, Mutterstadt
32: Auktionshaus Josef, Mönchengladbach

33: Archiv Verlag
34, 35: G. v. Voithenberg, München
36: Ebauches S. A., Biel
37: Flume Werksucher, Essen
38: F. v. Osterhausen
39: Jaeger-LeCoultre, Le Sentier
40: Archiv Verlag
41: Auktionshaus Josef, Mönchengladbach
42: Audemars Piguet, Le Brassus
43: G. v. Voithenberg, München
44: Sotheby's, N. Y.
45: Dr. Crott, Aachen
46: Antiquorum, Genf
47: Longines, St. Imier
48: Archiv Verlag
49: Rolex, Genf
50, 51: F. v. Osterhausen
52, 53: G. v. Voithenberg, München
54, 55: Dr. Crott, Aachen
56: Antiquorum, Genf
57–62: G. v. Voithenberg, München
63: F. Kahlert, Furtwangen
64–66: G. v. Voithenberg, München
67–72: Auktionshaus Josef, Mönchengladbach
73, 74: Christie's, London

75, 76: Swatch, Biel
77, 78: Auktionshaus Josef, Mönchengladbach
79: Henry's Auktionshaus, Mutterstadt
80: Antiquorum, Genf
81: G. Brunner, Chr. Pfeiffer-Belli
82: M. Huber / G. v. Voithenberg, München
83–85: H. Hampel, Berlin
86: Archiv Verlag
87–92: F. v. Osterhausen
93–97: Journal Suisse d'Horlogerie, Hefte 7–10/1940
98: F. v. Osterhausen
99: Antiquorum, Genf
100: F. v. Osterhausen
101: Patek Philippe
102: F. v. Osterhausen
103: F. v. Osterhausen
104: Archiv Verlag
105: Henry's Auktionshaus, Mutterstadt
106: H. Kahlert, Furtwangen
107: Henry's Auktionshaus, Mutterstadt
108: Ray Reygers, München
109–111: Henry's Auktionshaus, Mutterstadt
112: Privat
113: Henry's Auktionshaus, Mutterstadt

Register

CHRONOSWISS
Faszination der Mechanik

Chronoswiss Regulateur-Automatique Ref. CH 1221

Zeit ist Maßstab.

Die Zeit ist das Maß allen Seins.
Traditionelle Meisterwerke der Uhrmacherkunst
sind der Maßstab für handgefertigte
Präzisionsuhren von CHRONOSWISS.
Einzeln numeriert. Schon heute begehrte Sammlerobjekte.

CHRONOSWISS – nur im führenden Uhrenfachhandel. Dokumentation und Konzessionärsliste bei:
CHRONOSWISS Uhren GmbH · Nikolaus-Rüdinger-Straße 15 · 8000 München 50 · Telefon (089) 8 12 64 75 · Telefax (089) 8 12 12 35
Repräsentanz Österreich: TIME MODE · Bahnhofstraße 43 H · A-9021 Klagenfurt · Telefon (04 63) 3 64 84 · Telefax (04 63) 3 62 41
Schweiz: CHRONOLINE Niedermuhren · CH-1714 Heitenried · Telefon (037) 35 21 44 · Telefax (037) 35 16 77